상식적으로
상식을 배우는 법

상식적으로 상식을 배우는 법

초판 1쇄 발행 2022년 4월 14일

지은이 제바스티안 클루스만
옮긴이 이지윤

펴낸이 조기흠
기획이사 이홍 / **책임편집** 전세정 / **기획편집** 유소영, 정선영, 임지선, 박단비
마케팅 정재훈, 박태규, 김선영, 홍태형, 배태욱, 임은희 / **디자인** 문성미 / **제작** 박성우, 김정우

펴낸곳 한빛비즈(주) / **주소** 서울시 서대문구 연희로2길 62 4층
전화 02-325-5506 / **팩스** 02-326-1566
등록 2008년 1월 14일 제 25100-2017-000062호

ISBN 979-11-5784-573-6 03190

이 책에 대한 의견이나 오탈자 및 잘못된 내용에 대한 수정 정보는 한빛비즈의 홈페이지나
이메일(hanbitbiz@hanbit.co.kr)로 알려주십시오. 잘못된 책은 구입하신 서점에서 교환해드립니다.
책값은 뒤표지에 표시되어 있습니다.

hanbitbiz.com facebook.com/hanbitbiz post.naver.com/hanbit_biz
youtube.com/한빛비즈 instagram.com/hanbitbiz

당당한
교양인으로
살기 위한
상식적으로
상식을 배우는 법
제바스티안 클루스만 지음 | 이지윤 옮김
x=y
HB 한빛비즈
Hanbit Biz Inc.

서문

나는 퀴즈 전문가다. 나는 독일 공영 TV, ARD의 프로그램인 〈퀴즈 추격전〉에서 '척척 박사'로 출연한다. 그리고 매회 4명의 후보자와 누가 더 많이 아는지를 두고 경쟁을 벌인다. 프로그램을 본 적 없는 사람들을 위해 설명하자면, 쇼에서 내가 맡은 역할은 최대한 다양한 지식을 쌓아 그 우월함으로 후보자들을 무찌르는 것이다.

정확하게 내가 쌓아야 할 지식이 무엇이냐고? 원칙적으로는 모든 것이다! 여러 사람이 알아야 할 필요가 있다고 생각하는 지식이자 넓은 의미에서 상식이라 불리는 정보라면 무엇이든 알아야 한다. 내가 직업으로 삼은 이른바 '퀴즈 전문가'는 10여 년 전만 해도 세상에 존재하지 않았다. 그런데 어찌하다 보니 퀴즈라는 것이 내 인생 전부를 규정하게 되었다. 나는 '독일 퀴즈 협회'를 창설해 정식 등록했고 유럽 퀴즈 챔피언십과 세계 퀴즈 챔피언십(그렇다, 실제로 이런 대회들이 있다!)을 비롯한 국내외 각종 퀴즈 대회에 출전했다. 이뿐만 아니라 기업, 단체, 교육기관 등에 강연을 다니고 지식을 주제로 꾸준히 글도 쓰고 누군가 지식과 관련된 질문을 하면 거기에 대답도 한다.

이 책을 통해 내가 하고자 하는 바 역시 그런 질문에 답하는 것이다. 이를테면 이런 질문들. "구글이 지배하는 시대에 상식을 쌓는 것이 무슨 의미가 있나요?" "어떻게 공부해야 재미있게 배우고 오래 기억할 수 있나요?" "일상에서 지식을 확장할 수 있는 재미있는 트릭이 있나요?" "이것저것 관심사가 많은데 이럴 땐 어떻게 공부하죠?" "당신이 지식을 얻는 출처 중 최고는 무엇인가요?"

미리 말하지만, 당신의 상식을 단번에 끌어올릴 단 하나의 방법은 없다. '클루스만의 비결'이라 이름 붙일 만한 나만의 특별한 처방도 없다. 배움이 일어나는 경로는 참으로 다양해서 지식은 다양한 방법을 동원할 때 가장 효과적으로 쌓이기 때문이다. 그래도 분명한 원칙은 있다. 흥미가 있는 분야의 지식이 훨씬 잘 쌓인다. 이 책은 바로 이 지점을 공략하여 당신에게 필요한 자극을 제공할 것이다.

나의 지식은 비상한 기억력을 타고난 덕분이 아니다. 또 남보다 열정이 많아서, 유전자에 어떤 관심사가 새겨져 있어서 다양한 주제에 열광하며 멈추지 않고 새로운 것들을 흡수했던 것도 아니다. 그보다는 하나씩 하나씩 지식을 찾고 모았다.

이는 누구나 의식적으로 터득할 수 있는 방법이다. 지식을 넓히는 동시에 예리하게 벼리는 데 도움을 줄 것이다. 나는 이 책으로 당신이 공부하고 있다고 느낄 새도 없이 자연스레 무언가를 배우길 바라며 실용적으로 활용할 수 있는 팁과 다양한 예를 들었다. 이 책을 집필하는 과정에서 나 역시 흥미로운 사실을 발견할 수 있었다. 내가 남들과 다르게 한 행동이 무엇인지 확실하게 깨달은 것이다.

이 책을 쓸 때 내가 중점을 둔 것 중 하나는, 상식의 확장이 개인의 자기계발 차원에서 큰 의미를 지닐 뿐 아니라 더 나아가 사회에 꼭 필요한 부가가치를 증가시키는 일임을 보여주는 것이다. 교양이 풍부하다는 것은 이미 그 자체로 이상적인 상태이지만 또한 지극히 실용적인 면에서도 큰 도움이 된다. 클릭 몇 번이면 모든 정보에 접근할 수 있는 구글의 시대이기에 오히려 우리는 우리의 정보를 클라우드에 저장해선 안 된다. 검색 엔진의 필터로 걸러진 정보의 거품

안에만 머무는 사람은 사회적 결속을 저해한다.

이 책이 학술서는 아니지만, 개인적 경험이라 할지라도 대부분 과학적 논거를 갖추려고 애썼다. 어떻게 퀴즈 전문가의 책에 퀴즈가 빠지겠는가. 책을 읽다 보면 수시로 퀴즈와 맞닥뜨릴 것이다. 답을 맞혔다 하더라도 답안지에서 흥미로운 정보를 좀 더 발견할 수 있을 것이다.

이 자리를 빌려 지금까지 내게 배움을 허락한 모든 것에게, 특히 단순한 사실관계 너머에 있는 그 어떤 존재들에게 감사를 전하고 싶다. 또한 그간 내가 지식을 얻어온 소중한 출처들을 공개할 기회를 얻어 기쁘다. 당신도 내 정보원들을 유용하게 써먹었으면 좋겠다.

제바스티안 클루스만

차례

구글의 시대에 상식이란

공부하면 알게 된다 - 지식을 재미있게 잘 쌓는 방법

일상의 잡학

일러두기

- 퀴즈는 해당하는 본문의 키워드에 'Q'와 함께 번호를 달아 장의 끝마다 모아 두었습니다.
- 본문의 괄호 중 독자의 이해를 돕기 위한 옮긴이의 주는 '— 옮긴이'로 표시했습니다.
- 본문의 인스타그램 팔로워 수는 2022년 1월 19일 기준입니다.

구글의 시대에 상식이란

① 무엇을 위한 상식인가?

자, 스마트폰을 몇 번만 클릭하면 단 몇 초 만에 필요한 정보를 검색할 수 있는 세상이다. 전 세계의 지식이 망라된 위키피디아 덕분에 더는 종이에 인쇄된 백과사전을 책장에 꽂아놓지 않아도 된다. 단순한 사실관계에 관한 질문을 두고 오랫동안 왈가왈부하던 시절은 지나갔다. 이젠 간단한 검색만으로도 누구 말이 맞는지 바로 알 수 있다.

그런 입씨름이 그립다는 뜻은 아니다. 지금 우리가 누리는 편리함을 이전 세대가 알았다면 몹시 부러워할 게 분명하다. 이렇게 많은 정보를 이처럼 간단하게 불러올 수 있을 줄, 과거의 그들은 상상조차 하지 못했을 것이다.

그렇다면 구글과 위키피디아의 시대에 우리가 굳이 교양과 상식을 알고 있어야 할 이유가 있을까? 그걸 어떻게 검색하는지만 알면 되지 않을까? 그러니까 효율적인 검색 능력만으로도 충분하지 않느냐는 말이다. 자고로 알베르트 아인슈타인은 "안다는 것은 그것이 어디에 쓰여 있는지를 아는 것"이라고 했다. 공붓벌레의 대명사인 법대생들을 보면 그 말이 정답인 것도 같다.

그러니 지금 우리가 르완다의 수도를 왜 알고 있어야 하는가? 에베레스트산이 얼마나 높은지를 왜? 서기 800년 성탄절에 교황 레오 3세가 황제의 관을 씌워준 로마 통치자가 누구인지를 왜? 결국 다 인터넷에 있는데, 언제라도 검색할 수 있는데 말이다.

앎에 대한 열정 그 자체로 불타오르는 교양 시민이라면 이 같은 반문에 경악할지도 모른다. 상식이란 자고로 계몽되고 교육받은 인간에게 없어선 안 될 무기가 아니던가. 하지만 이런 사실관계 중 얼마만큼이 현대 교육의 필수 내용에 포함되어야 하는지, 그리고 미디어의 비판적 소비능력과 같은 실용적 기술은 교육 내용에 포함되어야 하는지 등을 두고선 여전히 토론이 진행 중이다.

나는 폭넓은 사실관계를 아는 것이 바람직한 상식의 모습이라고 굳게 믿는다. 전 세계 모든 나라의 수도와 로마 제국의 모든 황제의 이름 같은 단편적인 정보를 언제라도 검색으로 불러올 수 있는 세상이라 할지라도, 오히려 그렇기 때문에 더더욱 사실관계를 폭넓게 아는 것은 자주적인 삶을 위한 필수적 전제 조건이다. 나는 이런 태도를 지킬 수밖에 없는 사람이다. 그렇지 않다면 나는 내 능력의 가치를 의심해야 할 뿐 아니라 내 존재의 의미까지 되짚어 생각해야 할 것이기 때문이다.

지식을 넓게 쌓는 것이 중요한 이유가 무엇일까? 세 가지 차원에서 살펴보자.

> **1. 개인적 차원: 우리의 지식은 사물을 바라보는 우리의 시각에 영향을 미치므로 개인적 차원에서 지식을 넓게 쌓는 것이 중요하다.**

> **2. 사회적 차원: 사회적 존재인 우리는 다른 사람과 끊임없이 소통하는데, 지식은 그 과정이 부드럽게 이어질 수 있도록 윤활제 역할을 하므로 사회적 차원에서 지식을 넓게 쌓는 것이 중요하다.**

3. 공동체 차원: 구성원 간의 지식 공유는 민주사회가 제대로 기능하는 데 없어선 안 될 중요한 전제 조건이다. 구성원 각자의 상식은 서로를 연결하는 접착제가 되므로 지식을 넓게 쌓는 것이 중요하다.

상식의 마태 효과

성경 〈마태복음〉에는 '달란트 비유'가 나온다. 주인이 세 명의 하인에게 금전을 나눠주고 여행을 떠나는 이야기다. 여행에서 돌아온 주인은 두 명의 하인이 달란트로 남긴 이윤을 확인하고 그 둘에게 적절히 보상했다. 하지만 세 번째 하인은 달란트로 아무것도 하지 못했다. 실망한 주인은 그에게 주었던 달란트를 모두 빼앗아 성공적인 투자를 했던 다른 두 하인에게 넘겨주었다.

"있는 자는 더 받고, 없는 자는 있는 것까지도 빼앗기리라." 이 신약 구절은 본래 종교적 의미와는 무관하게 몇몇 학문적 발견에서도 보인다. 그중 대표는 미국의 사회학자인 로버트 머튼이 발견한 '마태 효과Matthew Effect'다. 유명한 학자들은 무명의 학자들보다 더 자주 인용되어 점점 더 유명해진다는 순환 구조도 마태 효과라고 부른다. 성공이 성공을 낳는 셈이다. 이러한 형태의 (부자가 더 부유해지는) 순환은 특히 재계나 스포츠계, 연예계에서 자주 발견된다. "비는 항상 젖은 땅에만 내린다"거나 "돈이 돈을 번다" 등의 말에도 이런 생각이 깔려 있다.

나는 학습에서도 마태 효과가 나타남을 말하고 싶다. 이미 갖춰진 지식은 그 이후 학습의 성공 여부에 결정적인 영향을 끼친다. 어떤 내용에 대해 미리 알고 있는 바가 많을수록 관련 정보를 새로이 취득하고 성공적으로 저장하는 일이 쉬워진다. 우리는 새로운 정보를 이미 숙지한 좌표계에 배치할 수 있을 때 더 잘 기억한다. 역사적 사실은 연대순으로, 지리적 정보는 이차원 지도에 배열해 외우는 것도 바로 그런 이유에서다.

교육학자들은 학생들이 학습 자료에 미리 노출된 적이 있느냐에 따라 한 교실 내에서도 학업 성취도의 차이가 벌어질 수 있다는 사실을 증명했다. 비슷하게 훌륭한 학생들이 똑같이 집중하고 똑같이 동기부여 됐다면 학습할 내용을 미리 본 적이 있는 학생들이 더 높은 학업 성취도를 내는 것으로 나타났다.

흔히 출신 가정의 교육 수준 차이로 해석되는 학생들의 사회문화적 차이는 특히 초등학교에서 지식수준의 격차를 촉진하는 요소로 증명되었다. 부모에게서 물려받은 교육적 전제 조건이 다르기 때문에 수업할 내용에 관한 사전 지식이 아이마다 다르다. 교사들이 아무리 동등한 기회를 보장하려고 애쓴다 한들 소용이 없다.

상식은 우리 각자의 안경

지식은 안경과 같은 역할을 해서 우리는 그것을 통해 주변 환경을 인식한다. 현실을 투과시키는 일종의 필터 역할을 하는 것이다. 일단 지식이 많으면 많은 것이 보인다. 반면, 내가 어떤 것에 대해 알지 못하거나 그것의 이름을 대지 못할 때는 그냥 그대로 지나칠 가능성이 크다.

예를 들어보자. 나는 건축적 요소와 도시 계획에 대해 깊이 공부하고 난 뒤부터 내 고향 베를린의 거리를 이전과는 완전히 다른 눈으로 보면서 걷게 되었다. 새삼스레 이집 저집에서 '아틀란티스Atlantes'가 보였다.

여기서 아틀란티스는 사람의 형태로 조각된 구조물로, 기둥 대신 하중을 견디는 역할을 담당하는 건축요소를 뜻한다. 그리스 신화에서 창궁을 떠받치는 형벌을 받은 티탄의 후손에게서 따온 이름이다. '카리아티드Caryatid'는 아틀란티스와 기능은 같지만, 여성적 성격의 건축요소다. 아테네의 아크로폴리스 신전에 서 있는 카리아티드가 가장 유명하지만, 독일의 대도시에서도 볼 수 있다는 걸 나는 산책을 하며 알았다. 이전에는 내 눈에 보이지 않던 것들이었다.

숲길을 산책할 때도 상황은 비슷하다. 소나무와 가문비나무, 전나무와 낙엽송을 구별하고 자작나무, 버드나무, 포플러, 플라타너스를 호명할 수 있게 되자 나무에 따라 숲을 구별하여 인식할 수 있게 되었다. 나무의 차이를 알지 못했던 시절에는 숲이 그저 하나의 거대한 식물 서식지에 불과했다. 나무는 모두 같은 나무고, 꽃은 그저 꽃이었다. 종의 다양함이 눈에 들어오긴 했지만 내 영혼이 그것을 수용하지 못했다. 그에 대한 개념이 없었기 때문이다. 더불어 식물에 관한 지식이 쌓이자 짜증 나는 알레르기의 공격을 알아서 피하는 데도 도움이 되었다.

지식은 관계의 윤활제

지식이 있는 사람은 상대의 마음을 열 수 있다. 나는 파티나 행사에서 처음 보는 사람 여럿과 대화하는 것에 부담을 느끼지 않는다. 사람을 알고 사귀는 데 있어서 지식은 타인에 대한 관심과 개방성, 대화의 의지와 적극성 그리고 친근하고 호감 가는 태도 만큼이나 중요하다.

누군가 콜롬비아 여행에서 겪은 인상적인 경험에 대해 이야기를 할 때 상대가 그곳의 지리나 역사, 문화에 대해 조금이라도 아는 바가 있다면 대화를 이어나가기가 한결 수월할 것이다. 콜롬비아에 대해 썰을 풀 만큼 해박하진 않더라도 적절하게 호응할 수 있을 정도만 알아도 충분히 이야기를 주고받을 수 있다. 물론 사전 지식 없이 지극히 일반적인 질문만으로도 대화를 진전시킬 수 있는 화술과 정서적 지능을 갖춘 사람도 있다.

하지만 마약왕 파블로 에스코바르Pablo Escobar 외에 콜롬비아에 대해 아는 게 하나도 없다면 보통은 오가는 말소리가 슬그머니 줄어들기 마련이다. 이런 상황에서 나라면 콜롬비아 얘기를 나누다가 돌아서서 새로운 사람과 최근 열린 흥미로운 미술 전시를 논하고 또 다른 사람과 이번 아카데미 영화제에선 어떤 영화가 오스카를 거머쥘 것인지, 혹은 유럽 챔피언스 리그에서 어떤 팀이 우승할지를 두고 내기를 할 수도 있다.

내 절친한 친구 오노 타케후미는 일본인이다. 2007년 영국 어학연수에서 만난 타케후미는 요즘도 가끔 강렬했던 내 첫인상에 대해 말하길 좋아한다. 그때 내가 뭘 했더라? 나는 그저 스모대회 얘길 꺼내며 당시 요코즈나(스모 프로리그 최상위급)에 올라 화제가 되었던 선수의 이름, 하쿠호쇼를 말했을 뿐이다.

타케후미는 외국인인 내가 일본의 전통 레슬링 경기에 관심이 있을 뿐 아니라 그에 대한 몇 가지 기본 지식과 더불어 최근의 동향까지 꿰고 있다는 사실에 놀라움을 금치 못했다. 그리고 무엇보다 그는 스모에 대한 나의 지식을 자신에 대한 분명한 관심이자 자기네 문화에 대한 존중으로 받아들였다. 나의 태도는 중국과 일본이 뭐가 다른지 모르겠다고 너스레를 떠는 일부 유럽인들과는 선명하게 대조되었다. (아직도 그런 말을 하는 사람들이 있다는 건 애석한 일이 아닐 수 없다.)

2019년 연말, 나는 타케후미를 만나러 일본으로 갔다. 우리는 함께 쇼지 호수 인근에 있는 온천을 방문했다. 우뚝 솟은 후지산을 바라보며 나는 우리가 안정적이고 유익한 우정을 쌓게 되는 과정을 곰곰이 되짚어보았다. 스모를 좀 안다고 저절로 관계가 만들어진 것은 아니었다. 인간관계 중에서도 특히 우정은 그보다 훨씬 근본적인 무언가로부터 시작된다.

그래도 나는 스모에 대한 나의 지식이 어느 정도 기여했다고 생각한다. 다방면에 걸친 지식은 분명 잠재적인 대화 소재가 되었다. 더불어 상대에게 오래도록 남을 긍정적인 인상이 되었다. 다시 만난 친구는 17년 만에 일본인 선수가, 그것도 최연소로 요코즈나에 올랐다는 얘길 꺼냈고 비록 나는 '키세노사토'라는 이름을 그때 처음 들었지만 친구는 크게 신경 쓰지 않는 듯했다. (아니, 신경에 거슬렸을까? 일본인들은 속마음을 드러내지 않으니 그것까지는 잘 모르겠다.)

아는 것과 아는 척의 차이

물론 지식으로만 유대 관계를 맺을 수 있는 것은 아니다. 때론 함께 담배를 피우거나 와인을 한잔하면서 노닥이는 것만으로도 유대는 생긴다. 모든 사람이 같은 방식으로 관계를 맺는 것은 아니다. 그런데도 관계를 형성하는 데 있어서 상대방의 실체에 반응하는 것은 매우 중요하다. 관계를 맺으려 지식을 풀다 보면 일단은 상대방의 세계에 초점이 맞춰지지만 동시에 내게도 긍정적인 조명이 비치는 걸 느낀다.

단, '아는 척'을 할 땐 기본을 지켜야 한다. 즉, 절대 지식을 과시하거나 지식으로 다른 사람에게 깊은 인상을 남기려 해선 안 된다. 세상에 자기보다 더 많이 아는 사람을 좋아하는 사람은 없다. 그리고 자기의 무식한 면을 자꾸 들키고 싶은 사람도 없다. 당신 주변에도 분명 아는 척하길 좋아하는 사람이 한 명은 있을 것이다. 그런 기질을 가진 사람일수록 자신의 (때론 어설픈) 지식을 끝없이 과시하고 다른 사람의 지식을 바로잡으려 든다.

고백하자면 나는 아는 척하는 기질을 남들이 부담스러워 하지 않을 정도로 다듬는 데 몇 년이 걸렸다. 청소년기와 사춘기 시절 내 모습을 아직도 생생하게 기억한다. 나는 아는 분야에 대해선 필사적으로 나섰고 주변 사람들에게 내가 얼마나 우수한지 증명하려 안간힘을 썼다. 한마디로 썩 호감형은 아니었다. 제발 당신은 이런 과오를 저지르지 않길 바란다. 내 개인적 경험을 바탕으로 하는 말이다.

얼굴이 좀 알려진 지금은 나를 위해 마련된 무대가 있고, 사람들은 내가 그 위에서 서서 지식을 뽐내길 기대한다. 또 퀴즈 대결에 나가 마음껏 지식을 방출할 수도 있다. 사회생활에서 사람들의 저항을 경험하고 나를 돌아본 끝에야 비로소 깨달은 점이 있다. 지식 전달은 가능하다. 하지만 그 시점과 상대를 충분히 고려해야 한다. 실수와 실패를 거듭하다 보니 어느새 이런 깨달음에 이르렀다. 부디 당신은 내가 겪은 과정을 생략하길.

아는 척을 하되 상대가 받아들일 수 있는 선에서, 자신의 호감을 떨어뜨리지 않는 방향으로 할 수 있길. 찾으면 방법은 다양하다. 흥미롭고 유용한 질문도, 재치 있는 농담도 과시하지 않고 자연스럽게 지식을 드러내길 바란다.

상식은 사회적 접착제

공동의 경험, 집단의 기억 그리고 민족의 신화는 공동체와 그 구성원들의 내면에 깊게 새겨진다. 이런 것들은 그 집단의 정체성은 물론, 때론 맹목적으로 보이기까지 하는 집단의 시각을 형성하는 데 기여한다. 동질감을 느끼는 타인들 사이에선 신뢰가 싹튼다. 법이 한 나라 국민으로 규정하기 때문만은 아니다. 그들을 하나로 묶는 것은 같은 언어로 말하고 같은 역사를 경험하고 같은 일상을 영위하고 무엇보다 같은 미디어를 소비함으로써 생기는 문화적 유대다.

당신은 2014년 브라질 벨루오리존치에서 열린 월드컵 결승전을 아는가? 개최국인 브라질을 독일이 7대 1로 격파한 이 전설적인 경기는 독일인이라면 대다수가 공유하는 대표적 경험이다. 제아무리 몸치라도 몸을 흔들게 하는 여름 히트송이나 2,000만 시청자를 TV 앞에 모았던 80년대 퀴즈쇼

〈내기할래?〉와 같은 프로그램도 문화적 유대를 형성하는 데 큰 몫을 했다.

당시 이 퀴즈쇼의 시청률은 60~70%로 지금은 상상조차 할 수 없는 수치다. 물론 시청자들이 다 한자리에 앉아 있던 건 아니지만, 같은 경험의 세계로 동시에 들어가 같은 내용을 받아들인 것만은 분명했다. 그리고 이튿날이면 학교 운동장이나 회사 구내식당에 모여 시청 소감을 공유했다. 요즘엔 메신저나 SNS 덕분에 다음 날 동이 트길 기다릴 필요도 없다. 실시간으로 현실 세계의 관심사가 가상 세계에서 공유된다.

그런데도 대다수가 동시에 실생활과 밀접한 하나의 경험을 하는 경우는 점점 드물어진다. 엔터테인먼트 산업에서 공급하는 서비스가 과다하기 때문이다. 온 가족이 저녁밥을 함께 먹으면서 의무인 양 그날의 뉴스를 시청하던 전통이 사라진 것은 주택의 면적이 증가하거나 1인 가구가 늘어나는 등의 가계 구조의 변화 때문만은 아니다.

독일 공영 방송 ARD의 메인 뉴스인 〈타게스샤우〉는 여전히 대중들이 가장 많이 보는 프로그램 중 하나이지만 시청률이 10%를 넘지 못한다. 그렇다고 압도적 다수인 나머지 90%가 다른 뉴스 프로그램이나 일간지, 애플리케이션,

인터넷 등을 통해서라도 정·재계의 중요한 정보들을 날마다 챙겨보는지는 미지수다. 평균적 미디어 소비량은 증가했지만 파이를 들여다보면 오락 프로그램의 비중이 절대적이다.

TV의 동시성은 주문형On-Demand 서비스에 위협받고 있다. 넷플릭스와 아마존 프라임 비디오와 같은 스트리밍 서비스가 제공하는 수천 개의 시리즈, 영화, 다큐멘터리는 언제라도 재생 대기 중이다. 물론 전 세계 수백만 팬들이 넷플릭스에서 〈기묘한 이야기〉나 〈왕좌의 게임〉의 새 시즌을 오매불망 기다리다가 공개 즉시 시청할 때도 있다. 하지만 스포츠 경기를 제외한 실시간 방송은 거의 무의미해진 것으로 보인다.

결속은 공유를 넘어 공감으로

잘 모르면 단순화하기 쉽다. 단순화는 선입견을 낳는다. 전체 현상의 일부분이나 한 가지 측면만을 보고선 잘못된 결론을 내는 것이다. 알고 있는 것이 적을수록 부적절하고 때로는 위험한 결론을 내리기가 쉽다. 반대되는 사례 한두 가지만 알아도 그릇된 일반화를 막을 수 있다. 그리고 폭넓은 지식과 교양은 그런 일반화의 오류가 아예 일어나지 않도록 막아주는 강력한 예방주사 역할을 한다.

관용이 꼭 정의와 올바른 행동을 추상적으로 고민한 결과만은 아니다. 문화적 다양성에 열린 마음을 갖고 그렇게 살아간다면 그것이 곧 관용이다. 현실 세계든 가상 세계든, 균질한 집단 안에서만 생활하는 사람일수록 다른 집단에 대한 케케묵은 편견에 사로잡힐 가능성이 높고 외국인 혐오가 심하다. 만날 일이 없는 외국인을 혐오한다는 것이 무척이나 역설적이지 않은가.

그러므로 민주적이고 다양성을 존중하는 공동체가 되려면 구성원들이 폭넓은 교양을 필수적으로 갖춰야 한다. 민주주의는 몇 년에 한 번씩 투표소에 가서 투표지에 기표하고 나오는 것보다 더 많은 것을 의미하기 때문이다. 정치적 참여가 의무[Q1]는 아니지만 우리는 모두 발언과 행동으로 공동체의 현실에 영향력을 행사한다.

사회적 결속은 한편으로는 어떤 추상적 기준을 모두가 함께 공유하는 데서 생겨나지만 다른 한편으로는 그 사회에서 살아가는 사람들이 공감하고 서로를 이해하는 데서 발생한다. 때론 사회를 구성하는 수많은 요소에 대한 간단한 지식만으로도 충분하지만 서로에게 공감하고 서로의 가치를 인정하는 능력까지 필요할 때도 있다. 서로에게서 공통점을 발견한 사람들은 서로를 더 잘 이해하면서 갈등을 풀어나가기 때문이다.

나처럼 롤링스톤스의 음악을 즐겨듣는 사람이라면, 호주를 여행한 적이 있는 사람이라면, 가끔 스마트폰으로 슈퍼마리오 게임을 하는 사람이라면, 겨울엔 무조건 바이애슬론 경기를 봐야 하는 사람이라면 나는 (정치적 성향은 좀 달라도) 그가 나쁜 사람은 절대 아닐 거라 믿게 된다. 혹 당신이 힙합 음악의 팬이라면 일부 래퍼들의 패륜적인 행각으로 그 세계 전체를 싸잡아 비판하기보다는 일단 음악을 들어보고 그 장르의 가치를 인정하는 사람을 높이 평가할 것이다.

지식은 다른 사람들을 입체적으로 바라보게 도와준다. 지식의 기반이 넓을수록 다른 사람과의 접점이 늘어난다. 그리고 서로에게 도저히 좁힐 수 없는 간격이 느껴질 때마저도 다방면의 지식이 있는 사람은 자기가 속한 공동체의 전체 그림을 좀 더 현실적으로 조망한다. 이는 공동체를 함께 만들어나가는 데 있어서 또 하나의 중요한 전제 조건이다.

물론 상식이 증오와 인종차별, 그리고 다른 해악을 일으키는 성급한 일반화를 퇴치하는 데 만병통치약이란 뜻은 아니다. 같은 대중가수를 좋아하고 정기적으로 스포츠 경기를 본다고 해서 그 사이가 무조건 좁혀지는 것도 아니다. 매우 지적인 사람 중에 공동체에 별 도움 안 되는 생각만

하는 이들도 많다. 교양과 지식이 우리 하나하나를 더 나은 시민으로 만들어주진 못한다. 하지만 분명 타인에 대한 사회적 수용력을 높이는 것만은 확실하다. 이처럼 교차점과 접촉점이 없는 사람은 서로에게 낯선 사람일 뿐이다.

알고리즘과 SNS의 이면

최근 사회학자들은 필터 버블Filter Bubble(인터넷 정보 제공자의 이용자 맞춤형 정보 제공(필터링)으로 이용자가 편향된 사고(버블)에 갇히는 현상)과 에코 챔버Echo Chamber(닫힌 공간 속의 메아리처럼, 자신의 생각과 견해가 비슷한 정보와 관점만 수용하여 반복해서 듣고 보는 현상)에 의해 이런 현상이 강화되었다고 말한다. 특히 소셜 네트워크상에서 우리는 점점 더 같은 생각을 하는 사람들에게 둘러싸이게 되었고 이것은 불가피하게 우리의 시야를 좁힌다. 그 결과는 확증 편향이다.

우리는 확증하고 싶은 열망과 갈등을 피하고자 하는 욕구에 따라 마음속에 확증의 방을 만드는 경향이 있다. 그리고 이는 우리가 보고자 하는 것만을 보여주기 위해 웹사이트와 소셜 네트워크가 사용하는 알고리즘에 의해 더욱 강화된다. 알고리즘은 검색 기록 같은 우리의 온라인 행적과 우리에 대한 개인 정보(현 위치, 주거지, 연령, 성별 등)를 바탕으로 우리의 이전 관심사에 부합하는 내용을 먼저 보여준다.

만약 우리가 유튜브에서 귀여운 고양이 비디오나 축구 선수 바스티안 슈바인슈타이거가 출전한 경기의 하이라이트 영상을 찾아본 다음 날엔 분명 같은 맥락의 다른 영상이 추천 목록에 뜰 것이다. 인스타그램의 피드는 내가 '좋아요'를 누른 적이 있는 친구나 페이지를 먼저 보여주고, 구글은 우리의 요구에 따라 세상을 필터링한다. 언뜻 매우 편리한 서비스로 보이지만 그 안에서만 맴돌다 보면 금세 정보의 버블에 갇히게 된다.

일간지는 편집자와 기자가 시의성에 따라 선별한 기사를 게재한다. 사람들은 아침마다 신문을 펼쳐서 전문가들의 영향력 아래 조성된 세계관을 읽는다. 반면, 인터넷에서는 정보 조달마저 우리 각자의 손에 달려 있다. 그 자유를 만끽하려면 그만한 시간과 에너지를 쏟아야 한다. 하지만 우리에겐 그럴 여유가 없다. 우리는 새로 얻은 자유를 활용하기보다는 검색 엔진과 포털 사이트, 소셜 네트워크의 시장 메커니즘에 굴복하는 편을 택한다. 그러다 보니 우리의 생각은 엇비슷한 피드 안에서만 맴돌게 되었다.

바로 지금 이곳이 평행 세계

결과적으로 우리는 저마다 외떨어진 지식의 섬에 산다. 지적 원심력이 강해지면서 한 집단이 다른 집단과 결코 접촉할 수 없는 정보의 평행 사회가 구축되었다. 독일의 경우 교육 수준이 높은 시민들은 아침 출근길에 신문을 읽고, 일과 시간 중에도 틈틈이 방송사 애플리케이션으로 뉴스를 체크한다. 퇴근길엔 극장에 들러 연극이나 오페라를 관람한다. 집으로 곧장 돌아온 날엔 TV를 켜서 공영 방송사에서 방영하는 범죄 드라마를 보거나 예술 채널에서 편성한 다큐멘터리를 본다. 잠자리에 들기 전엔 문학 평론가인 데니스 쉐크가 추천한 신간 소설을 잠시 읽는다.

반면, 교육 수준이 낮은 가정에서는 케이블 방송의 아침 프로그램을 틀거나 좋아하는 연예인들의 인스타그램 계정을 확인하는 것으로 하루를 시작한다. 아마 저녁에도 가상 세계에서 컴퓨터 게임에 대한 정보를 나누거나 스트리밍 플랫폼에서 좋아하는 게이머의 경기를 시청할 것이다. 그사이 그들의 자녀들은 틱톡을 열어서 립싱크 비디오 영상을 따라할지도 모른다.

여기서 주목해야 할 것은, 공동체를 결속시키는 수단인 음악계에서도 평행 사회가 굳건하게 형성되어 있단 사실이다. 물론 펑크부터 얼터너티브 록, 테크노에 이르기까지 소수 취향의 하위문화들은 언제나 있었고 그 유행이 세대 차이를 대변하는 것도 드물지 않은 일이다. 하지만 스트리밍 서비스가 보편화하면서 버블 필터 현상이 음악적 취향을 형성하는 데도 큰 영향을 미친다. 선택의 자유와 무한한 서비스 제공은 청취자들을 한 장르 안에 고립시키는 역설적인 작용을 한다.

당신은 '하바' '사므라' '신디'를 아는가? 새로 나온 포켓몬 시리즈의 주인공들이 아니다. 이들은 2019년 독일의 싱글 앨범 차트에서 정상을 차지한 적이 있는 독일어권의 명실상부한 아티스트들이다. 하지만 대다수가 들어본 적 없는 노래가 그해 최고의 히트송이 되는 일이 흔하다. 왜일까?

순위를 정하는 스트리밍 서비스를 젊은이들만이 사용하기 때문에 생긴 편중의 문제이다. 또한 어떤 노래가 한 집단의 취향만 제대로 저격하면 그들이 스트리밍 서비스에 클릭해서 순위를 계속 위로 끌어올리기 때문이기도 하다.

현실은 명과 암 사이를 채운 음영 안에 존재하며 나의 일상 또한 양극단을 오간다. 하지만 의식적으로 그 범위를 넓히려 애쓰는 사람은 흔치 않다. 그래서 나는 배운 사람들도 이따금 TV 오락 채널을 켜서 장장 10년에 걸쳐 2,000회를 방영한 리얼리티 드라마 〈베를린의 낮과 밤〉 같은 것을 봐야 한다고 주장한다. 아마추어들의 연기가 너무 엉망이라 보는 사람을 민망하게 만들 때도 있지만 지식인들이 일상에선 결코 마주칠 수 없는 대중들의 생활과 관심사를 들여다볼 좋은 기회인 것만은 분명하다.

신구 채널을 통해 제공되는 서비스가 폭증하면서 우리가 수집하는 정보들은 날로 파편화되어간다. 그럴수록 다양한 지식을 일목요연하게 정리하는 작업이 더욱 중요하다. 거기엔 지리, 역사, 자연과학 등의 고전적 교육의 내용뿐 아니라 음악, 문학, 스포츠, 영화, TV 프로그램 등 좀 더 말랑한 주제들도 포함되어야 한다.

분데스리가와 에드 쉬런의 음악, 그리고 블록버스터 영화 몇 편 외에 더는 문화적 교집합이 존재하지 않는 사회라면 결속에 큰 이상이 올 수 있다. 각자의 취향에 따라, 서로의 영향을 전혀 받지 않고 외따로 흘러가는 관심사는 집단의 자폐증을 초래한다. 정의와 연대는 구체적 경험을 바탕으로 성장하기 때문이다.

Q&A

Q1 독일 인접국가들 중 의무투표를 법으로 정해 투표소에 나타나지 않으면 제재를 가할 수 있는 나라 두 곳은?

A1 벨기에와 룩셈부르크.

② 상식이란 무엇인가?

무엇이 상식인가?

상식은 크게 표준적 상식과 경험적 상식으로 구분된다. 표준적 상식은 마땅히 그리고 바람직하게 알아야 한다고 여겨지는 것들이고, 경험적 상식은 우리가 그 위에 추가하는 것들이다. 바람직한 상태를 정의하는 사람은 현재의 상태에서 출발한다. 마땅히 교육받아야 할 바람직한 내용이 망라돼 있다는 점에서 상식이란 개념은 표준적 성격이 짙다. 당신이 반드시 알아야 하고 그렇게 기대되는 것들이 바로 상식인 것이다!

물론, 무엇을 그 범주에 넣을 것인가에 대해서는 지극히 주관적이다. 하지만 많은 사람, 특히 전통적인 개념에서의 지식인들은, 바람직함과 필요성을 기준으로 지식의 가치를 매겨야 한다고 주장한다. 그런 지식에는 예술과 지리, 역사와 문학, 그리고 자연과학 분야 중 넓은 의미에서의 고급문화에 해당하는 주제가 압도적인 비중을 차지한다.

예컨대, 음악이라 하면 베토벤과 바흐의 작품에 초점을 둔 클래식 음악이 중심이 되므로 브리트니 스피어스와 비욘세가 낄 자리가 없다. 간혹 최신 음악이 필요한 경우에는 대중음악의 대표 주자로 비틀즈를 슬쩍 끼워주는 정도다. 비틀즈가 최신이었던 때가 반세기 전이건만 그 이름이 저스틴 비버로 대체될 가능성은 제로에 가깝다.

그런데 나는 강연에서 독일 민영방송 RTL의 리얼리티쇼 〈나 스타야-여기서 좀 꺼내줘!〉를 아는 것도 상식의 일부라고 주장해왔다. 그럴 때마다 미심쩍은 눈빛과 맞닥뜨리는 것은 물론이고 심지어 어떤 사람의 목덜미에선 경동맥이 요동치는 게 보일 때도 있다. 비주류 연예인 12명이 호주의 어느 정글에서 돼지 고환과 양 눈알을 꿀꺽 삼키는 광경을 노골적으로 보여주는 이 TV쇼가 어떻게 상식에 포함된다는 것인지, 명실공히 고등 교육을 받은 사람이라면 의아할 수도 있다.

하지만 단순하게 생각하자. 화면 앞에 앉아 '정글의 왕'이 되기 위해 그들이 벌이는 경쟁을 몇 날 며칠씩 지켜보는 시청자의 수가 최대 700만 명에 달한다. 광고 타겟층의 30~40%가 시청하는 이 프로그램의 시장점유율은 가히 압도적이다. 축구 경기와 방송사 메인 뉴스를 제외한다면 사회 구성원 중 이렇게 많은 수가 동시에 같은 일을 하도록 만드는 프로그램은 흔치 않다. 비록 지식인들은 이를 두고 서양 고급문화의 몰락이라며 비난할지 모르지만, 만약 이런 현상을 상식으로 치지 않는다면 대체 무엇을 상식이라고 부를 것인가. 이것이 바로 경험적 의미에서의 상식이다.

경험적 의미에서 상식이란 한 사회 전체가 공유하는 지식의 교집합으로 이해된다. 그런데 지식의 세계가 갈수록 심하게 분산되면서 대표적인 교집합을 찾기가 힘들어졌다. 이럴 때는 모종의 수치를 상식의 근거로 삼을 수 있다. 예컨대 전체 인구의 10%가 특정 사실을 알고 있다면 그것을 상식에 넣자는 식으로 말이다. 이 정의에 따르자면 정말 다양한 관점과 생활환경이 상식에 포함될 것이다. 하지만 관련된 연구 결과가 딱히 없는 것이 아쉽다. 우리의 개인적 세계관이 다른 사람이 알고 있는 바와 얼마나 다르고 어긋나는

지, 그리고 이 사회에 널리 퍼진 지식 중 우리가 공유하는 부분은 얼마인지를 알 수 있다면 매우 흥미로울 것이다.

이런 지식 중에는 주류와의 접점이 거의 없는 하위문화도 있다. 물론 인구의 절반 이상이 그와 무관하게 사는 것이 하위문화이긴 하나 그 규모를 무시할 수는 없다. e-스포츠는 그중 제법 규모가 큰 분야에 속한다. 게임 한 판에 수백 명이 클릭하고, 유명 선수들이 뛰는 경기장은 인파로 가득 찬다.

독일 힙합 같은 음악 장르는 또 어떠한가. 라디오에선 그 음악이 거의 들리지 않는데도 독일 힙합 음악은 꾸준히 차트 정상에 오른다. 몇 안 되는 팬들이 힘을 합쳐 밀어 올리는 것이다. '페로47' '우포361' '아파치207' 등의 이름을 듣고 커피 머신 모델명이 아닐까 짐작한다면 당신은 지극히 평범한 사람이다. '메로' '에노' '니모' 같은 래퍼 이름도 당신 귀엔 물고기 이름처럼 들릴지 모르겠지만 모두 독일 힙합 가수의 이름이다.

그렇다면 혹시 '헤페' '루트비히' '발렌시아'의 공통점은 아는가? 나 역시 2016년 퀴즈 올림피아드에서 같은 질문을 받았을 땐 답을 알지 못했다. 인스타그램 사진 필터에 적용

되는 효과 이름이다. 2019년 설문조사에선 14세에서 59세 사이 응답자의 27%가 이런 이름의 필터를 즐겨 사용하는 것으로 나타났다.

상식의 현 위치

여론조사 기관인 포르사Forsa가 방송사 RTL의 의뢰로 2018년 초에 실시한 설문에 따르면, 정부가 새로 구성된 지 2주가 지난 시점인데도 응답자의 반 이상이 신임 장관의 이름을 제대로 말하지 못했다. 심지어 기독민주당 정치인인 아냐 카를리체크가 장관이라고 자신 있게 말한 사람은 1%에 불과했다. 물론 무명에 가까웠던 정치인이 국민 머릿속에 신임 장관으로 인지되기까지 얼마간의 시간이 필요한 법이라고 반론할 수도 있다.

하지만 메르켈 전前 총리가 연임한 당시 중용된 게르트 뮐러 산업 장관의 이름을 아는 응답자도 2%를 넘지 않았다. 그나마 42%가 이름을 맞힌 호르스트 제호퍼 내무부 장관의 사정이 제일 나았고, 36%가 호명한 올라프 숄츠 재무부 장관이 그 뒤를 이었다. (올라프 숄츠는 지난 2021년 12월에 새 독일 총리로 취임했다.)

둘 다 이미 수년간 다양한 부처의 수장을 지내면서 대중적 관심을 받아왔고 당 대표도 한 차례씩 역임한 인물들이다. 그런데도 그 둘은 물론이고 각 부처 장관 이름을 단 한 명도 대지 못한 유권자가 42%에 달했다. 특히나 18세에서 29세 사이 응답자 중에서는 과반수를 상회하는 62%가 장관 이름을 하나도 대지 못했다.

2017년 전국 선거를 앞두고 시사지 〈슈테른〉이 포르사에 의뢰해 발표한 설문조사에서도 응답자의 49%가 자유민주당 소속 정치인 이름을 단 하나도 말하지 못한 것으로 나타났다. 이 전통 깊은 정당이 지난 몇 년간 대중의 호감을 사지 못했다는 점을 고려하더라도 놀라운 수치였다. 하물며 선거 운동 기간에 실시된 조사였다. 어느 길에서든 표를 얻느라 경쟁하는 정치인들이 들러붙는 시즌에, 토크쇼든 맞장 토론이든, 풍자쇼든 할 것 없이 미디어에서도 온통 정치 얘기뿐인 와중에 정작 유권자의 절반가량이 그 어떤 이름도 기억하지 못했다니….

정치인과 달리 스포츠계나 연예계의 스타는 훨씬 많은 유명세를 누린다. 전직 국가대표이자 FC 바이에른 소속 축구 선수인 토마스 뮐러가 그 대표 격이다. 2018년 6월 설문조사에서 응답자의 88%가 뮐러의 얼굴과 이름을 정확하게 알아맞혔다. 말인즉슨, 독일인 10명 중 9명은 이 바이에른

토박이가 누구인지를 분명히 알아본다는 뜻이다.

당연히 이 수치를 그대로 정치인에 대입하는 건 비현실적이다. 독일인 10명 중 9명이 외무장관 하이코 마스를 알아볼 것이라곤 상상조차 할 수 없는 일이다. 독일 중심부와는 외떨어진 자를란트 출신으로는 최고위직에 오른 하이코 마스도 정치인 중에선 인지도가 높은 편이다. 혹 다른 축구 선수와 대결을 벌인다면 승리할 가능성이 있을지도 모른다. 하지만 독일에서 뮌헨의 골잡이 토마스 뮐러만큼 잘 알려진 인물은 흔치 않다.

올해의 축구 선수로 여섯 번이나 꼽힌 리오넬 메시의 유명세도 독일 안에선 뮐러를 넘지 못한다. 응답자의 83%가 그 이름을 알고 있었지만, 사진을 보고 이름을 맞힌 사람은 55%에 불과했다.

이집트 국가대표로 올해의 아프리카 축구 선수로 두 번이나 꼽힌 무하마드 살라를 아는 사람은 40% 남짓이었다. 오히려 그가 속한 FC 리버풀의 감독이 더 유명했다. 그 이름은 물론 얼굴도 기억하는 응답자가 91%나 됐다. 위르겐 클롭 감독은 축구장 밖 광고판에서도 얼굴을 볼 수 있는 유명인이다.

독일 가수 헬레네 피셔의 히트송인 〈숨 가쁘게 밤새도록〉을, 혈중알코올농도와 무관하게 가사 하나 틀리지 않고 부를 수 있는 독일인의 수가 베토벤 교향곡 5번을 아는 수보다 훨씬 많을 거라고 확신한다. 마찬가지로 슈퍼모델 하이디 클룸의 배우자 이름을 댈 수 있는 사람의 수가 독일 공화국의 세 번째 총리 이름을 아는 사람을 능가할 것이며, 독일어권에서 최근 배출한 노벨문학상 수상자를 아는 사람보다 푸스발-분데스리가(독일의 최상위 프로 축구 리그) 득점왕을 아는 사람이 훨씬 많을 것이다.

현실은 부정할 수 없다. 그리고 바람직한 세계관에 부합하든 않든 간에 이런 현실 또한 상식의 일부다. 그러니 가슴에 손을 얹고 답해보자. 당신은 현직 법무부, 환경부 혹은 교육부 장관의 이름을 말할 수 있는가? 아니라면, 당신은 혼자가 아니다. 분명 당신은 확실한 다수에 속한다.

학교와 대학에서 전달되는 지식은 당연히 분명한 표준적 지침을 따른다. 거기엔 어떤 지식을 얼마나 자세히 가르쳐야 할지까지 정해져 있다. 하지만 이러한 계획에도 끊임없는 변화가 전제되어야 한다. 예컨대, 과학 과목의 내용에는 새로운 연구 결과가 적용되어야 하고 정치 수업은 현재 진행

되는 사회적 토론을 반영해야 한다. 이전 세대에선 필수 문학으로 쳤던 작품들도 현재의 생활 환경에선 이해가 어렵고 낡았다면 보다 현대적인 텍스트로 교체해야 한다. 심지어 수학 수업에서도 설명 정도는 시대를 반영한 문장으로 수정해야 한다. 때론 제한된 시간과 자원 때문에 어려운 결정을 내려야 할 때도 있다.

한국인의 역사 수업에서 아시아 밖 역사의 비중은 어느 정도로 해야 할까? 일단 크리스토퍼 콜럼버스와 고대 이집트 문명을 제외하고 당신이 아프리카, 남미, 유럽에 대해 배운 게 무엇인지 자문해보라. 대부분 짧은 요약으로 끝났을 테고 그마저도 지극히 아시아 중심적인 관점으로 배웠을 것이다.

독일인들도 마찬가지다. 유럽 중심적 역사를 배운다. 이를테면, 남미 역사는 16세기 스페인 정복자들의 관점에서 배운다. 고대 이집트 역사를 공부한 중심에는 베를린 박물관에 전시된 네페르티티 여왕의 흉상이나 클레오파트라와 줄리어스 시저에 관한 이야기, 그리고 1922년 하워드 카터가 투탕카멘의 무덤을 발굴한 일화가 있었을 것이다.

교과 과정은 필요성과 적합성을 기준으로 구성된다. 그리고 그 내용엔 다양한 관심사와 사고가 반영된다. 학생들은 수업을 통해 지식과 능력을 동시에 획득해야 한다. 그것은 취업 시장의 요구에 부응하기 위해서뿐 아니라 스스로 생각하는 민주 사회의 성숙한 시민이 되기 위해서도 중요하다.

상식을 정의한다는 것

내 인생의 대부분은 상식을 정의定義하며 흘러간다. 나는 TV쇼에 출연하여 퀴즈를 풀고, 퀴즈로 출제할 문제를 개발하며, 상식을 주제로 강연도 한다. 그런데도 고백하자면, 아직도 상식의 정의를 다 알지 못한다.

상식은 언제나 시간과 장소에 연동된다. 당신 부모님이 상식에 대해 생각하는 바는 당신 자녀들과는 분명 다를 것이다. 부모님 세대에선 아마 찰리 채플린의 영화와 셰익스피어의 문학작품을 아는 것을 문화적 기본으로 칠 것이다. 반면, 그들의 손주들은 마블 유니버스를 토대로 한 만화 원작의 영화들이나 프로 게이머들의 e-스포츠를 기본 소양이라고 평가할 것이다.

상식을 정의하고, 심지어는 그 범위까지 확정하고자 하는 시도는 사실 실패하기 쉽다. 그걸 알면서도 나 역시 그 도전에 응하고 싶은 욕구를 완전히 떨쳐낼 수 없었다. 영문학자이자 문학 연구가인 디트리히 슈바니츠Dietrich Schwanitz가 1999년에 출간한 《교양》은 독일어권에서는 상식을 규정하고자 시도한 가장 유명한 책이다. 이 책의 부제인 '사람이 알아야 할 모든 것'은 결코 지켜질 수 없는 약속이다. 마케팅은 자극적인 부제를 달아 책의 격을 떨어뜨렸지만 그 덕에 판매 부수는 하늘로 치솟았다. 이 교양 개론서는 역사에서 출발해 철학, 미술, 문학을 거쳐 음악에 이르는 유쾌한 여행을 독자들과 함께한다. 하지만 주요한 지식의 분야 중에서도 분명 빠뜨린 주제가 있었다.

과학사학자인 에른스트 페터 피셔Ernst Peter Fischer는 그 점을 비판하며 몇 년 후 《또 다른 교양 - 사람이 자연과학에 대해 알아야 할 모든 것》을 출판했다. 분명 찰스 퍼시 스노Charles Percy Snow의 관점을 계승한 책이었다. 스노는 셰익스피어의 모든 작품은 교양에 속하지만 열역학 제2 법칙은 교양으로 치지 않는 현실을 일찍부터 개탄했었다.

《교양》과 《또 다른 교양》 모두 내용이 좀 구식이라는 걸 빼면 아주 훌륭한 기본서다. 그런데 두 권을 다 합쳐도 채워지지 않는 구멍이 있다. 스포츠, 음식, 영화, TV 등 대중문화와 관련된 상식은 다뤄지지 않은 것이다. 이 지점에서 교양이 상식과 정확히 일치하지 않는다는 것을 확인할 수 있다. 그런데 말이다, 위대한 시인이 고른 단어를 외우는 것만큼이나 수려하게 편집된 영상을 보는 것도 중요하지 않을까?

③ 지식의 저주

로마의 변론가이자 정치가인 키케로의 저술에 따르면, 위대한 고대 철학자인 소크라테스[Q2]는 한때 자기 비판적이었고 그래서 다음과 같은 의미심장한 통찰을 남겼다고 한다. "나는 내가 모른다는 사실만 안다." 이 명언은 아마 철학의 문외한들로부터 가장 인기 있는 인용구 중 하나일 것이다.

사실 이 말에는 모순이 담겨 있다. 자기가 모른다는 사실이라도 알고 있다면 그건 아무것도 모르는 상태는 아니기 때문이다. 하지만 이 말을 인용하는 사람들은 그 안에 담긴 모순을 크게 신경 쓰지 않는다.

어차피 이 말은 소크라테스가 한 말도 아니다. 글로 쓴 것도 아니다. 이미 알고 있을지도 모르지만, 이 철학자의 손에선 그 어떤 작품도 나온 바가 없다. 민주적 통치 제도의 기원이 된 소크라테스의 철학을 우리는 주로 그의 애제자인 플라톤의 저술을 통해 배웠다. 하지만 소크라테스와의 대화를 담은 플라톤의 많은 작품에서도 이 말은 찾을 수 없다.

비록 잘못 전해진 말이긴 하지만 그 묵직한 함의조차 무시할 필요는 없다. 단어의 의미를 그대로 살려서 문장을 비교급으로 고치면 이렇게 된다. “내가 더 많이 알수록 내가 모른다는 사실을 더 많이 알게 된다.” 지식의 기초를 형성하려는 의식적인 노력은 끝이 없는 경주와 같다는 뜻이다. 열심히 달리면 달릴수록 결승점이 더 멀어진다니, 일반교양이란 목표는 기만적이란 생각마저 든다. 이 모순적 조합은 뛰면 뛸수록 점점 더 빨리 뛰어야 하는 다람쥐 쳇바퀴 같다.

다람쥐 쳇바퀴에서 벗어나기

나는 2010년 처음으로 출전한 전 유럽 퀴즈 챔피언십에서 지식의 이러한 모순점이 사람의 마음을 상하게 할 수도 있음을 경험했다. 잉글랜드 더비[Q3]에서 열린 퀴즈 대결이 끝나고 안면이 있던 동료 퀴즈인 몇 명과 에일 맥주를 마시던 중, 나는 도시계획가이기도 한 제시 허니와 대화를 나누었다. 그는 당시 무적으로 꼽히던 영국 퀴즈 국가대표팀의 일원이자 떠오르는 혜성 같은 존재였다. 서른셋이라는 많지 않은 나이에 신생팀을 몇 년 만에 세계 정상으로 끌어올린 그는 동료 경쟁자들로부터 큰 존경을 받았다. 그뿐만 아니라 그의 긍정적인 기운은 사람들의 호감을 사기에도 충분했다.

하지만 그때 그가 내게 털어놓은 속내는 나를 혼란스럽게 만들었다. 그는 농담 반 진담 반으로 자신에겐 퀴즈가 맞지 않는다고 말했다. 대도시 런던의 도시계획가라는 본분을 유지하려면 퀴즈처럼 절망감을 불러일으키는 취미는 포기해야만 한다고 했다. 그는 퀴즈가 재미있는 것은 분명하지만 문제를 풀면 풀수록 자신이 충분히 알지 못한다는 생각에 부담을 느낀다고 고백했다. 그로부터 2년 후, 제시 허니는 기록적인 점수로 세계 챔피언에 등극했다. 그리고 다시 2년 후, 그는 은퇴를 선언했으며 많은 다른 운동 선수[Q4]나 가수와 달리 결정을 번복하지 않았다.

나는 당시엔 그의 말을 완전히 이해하지 못했다. 지금까지도 그의 논리에 완전히 동의하진 않는다. 모든 딜레마가 그러하듯 퀴즈에 대한 고민에도 똑 떨어지는 해답이란 없다. 하지만 적어도 그 문제를 피할 수 있는 방법은 있다. 다람쥐 쳇바퀴가 점점 빨라진다는 것을 인식하고 그 상태를 받아들인 사람은 똑같이 역설적 반격을 취함으로써 심리적 덫에서 빠져나올 수 있다.

그 반격이란 다름 아닌 세상의 모든 지식을 알고자 하는 욕구를 배격하는 것이다. 대신 과정을 목표로 삼으면 된다. 지식을 습득하는 일은 종결이 없는 과정이다. 알 만한 가치가 있는 지식은 날마다 새로 생기기 때문에 한 사람이 그 모든 것을 처리하거나 흡수할 수는 없다. 그래서 목표는 평생에 걸친 학습으로 정해야 한다.

상식은 단거리 경주가 아니라 울트라 마라톤의 결과물이다. 나의 지식 또한 30년이 넘는 세월 동안 다양한 학습 경험을 하면서 겪은 수많은 일화 속에서 다져졌다. 누구에게나 마찬가지다. 혹시 당신이 단거리 전력 질주를 다섯 번쯤 했다고 곧장 나처럼 되길 바란다면 목표를 너무 높이 잡은 것이다. 마라톤의 결승점은 빨리 달린다고 도달할 수 있는 게 아니다. 오히려 전력질주를 한 사람은 금방 지쳐서 중도에 포기할 가능성이 높다.

나는 지식을 무조건 빨리 쌓고 싶어하는 사람들을 끊임없이 봐왔다. 그들은 퀴즈의 세계에 입문하자마자 대회에 등록하고 지나치게 야심 찬 목표를 설정한 다음엔 얼마 지나지 않아 포기해버린다. 왜냐고 물어보면, 자신의 순위와 점수가 기대만큼 오르지 않아 실망했다고 답한다.

남들은 지난 30년간 쌓아온 지식을 입문자가 단 1년 만에 두 배로 늘릴 수는 없는 노릇이다. 우리는 누구나 의식적으로든, 무의식적으로든 매일 새로운 것을 배우고 꾸준히 정보를 수집한다. 물론 정보를 수집하고 학습하는 방법을 개선해서 그 속도를 빠르게 할 수는 있다. 하지만 인지의 세계에 웜홀은 존재하지 않는다. 절대적인 시간이 필요하다. 그리고 목표 지점이 어디인지와는 무관하게 학습의 과정이 재미있을수록 새로운 것을 받아들이려는 우리의 의지도 강해진다.

Q&A

Q2 소크라테스의 대화법으로 '매유틱스Maieutics'는 이전까지 스승들이 주로 쓰던 강의 방식과는 정반대였다. 그는 상황에 맞는 질문을 던짐으로써 학생들이 직접 생각해 통찰에 이르도

록 이끌었다. '매유틱스'라는 이름의 기원은 소크라테스 어머니의 직업에서 비롯되었다. 그녀의 직업은 무엇이었을까?

Q3 더비Derby는 잉글랜드 중부의 도시 이름이기도 하지만 종목을 막론하고 팀별로 대항하는 경기의 총칭이기도 하다. 유럽에서 가장 여러 번 열린 더비는 '올드펌Old Firm'이란 축구 경기다. 2020년까지만 해도 레인저스가 162승을 거두며 선두를 달리고 있는 이 더비가 열리는 도시는?

Q4 1993년 마이클 조던은 비교적 이른 나이에 농구계에서 은퇴하고 다른 종목 선수로 전향했다가 1995년 다시 시카고 불스 유니폼을 입고 농구 코트로 복귀했다. 조던이 잠시 도전했던 운동 종목은?

A2 산파. 1985년부터 독일과 오스트리아에서는 남성도 산파를 직업으로 삼을 수 있게 되었다. 하지만 현재 독일에 등록된 산파 2만 5,000여 명 중 남성은 단 4명뿐이다.

A3 글래스고Glasgow. 독일의 골키퍼 슈테판 클로스는 이곳이 연고지인 레인저스에서 10년 남짓을 뛰었다. 글래스고는 스코틀랜드에서 가장 큰 도시이고 영국 전체에서는 런던과 버밍햄 다음으로 인구가 많은 도시다.

A4 야구. 하지만 조던은 미국의 최고 리그인 메이저리그에 진출하는 데 성공하지 못하고 마이너리그팀인 버밍햄 바론스에서 뛰었다. 농구 코트에선 23번이 그의 트레이드마크로 남았지만 반소매 야구복 등판엔 45번이 걸려 있었다.

④

퀴즈는 기억력 대결이 아니다

먼저 확실히 짚고 넘어갈 것이 있다. 나는 기억술사도 아니고, 보고 느낀 바를 사진 찍듯 기억하는 신비한 능력도 없다. 나는 어떤 특정한 한 가지 방법으로 공부하지 않는다. 나의 학습법은 포괄적이고 자연스러우며 여러 가지 자잘한 단계들로 구성되어 있다. 나의 상식은 오랫동안 그런 방법들을 다양하게 활용한 결과물이다. 한두 가지 방법을 활용하여 단시간에 거대한 양의 정보를 머릿속에 저장하는 기억술사들과는 완전 다르다.

어느 해인가 독일 ZDF의 방송 프로그램인 〈독일의 슈퍼

브레인〉에 기억술사 몇 명이 출연해 수백만 시청자들 앞에서 능력을 증명한 적이 있다. 그중에서도 가장 놀라운 능력을 보여주었던 출연자 중 하나는 열네 살 중학생으로 그는 독일 철도의 장거리 구간 전체와 거기에 속한 역 이름을 모두 외우고 있었다.

독일의 기억술사들은 세계 기억력 선수권 대회에서 번번이 정상을 차지했고 독일이 우승국 타이틀을 차지한 것도 네 번이나 된다. 기억력 대회는 총 열 종목으로 구성된다. 시간 규정을 달리해가며 숫자, 단어, 카드, 이름, 그림 등을 오류 없이 얼마나 빨리 머릿속에 저장하는가를 겨룬다. 그들이 보여주는 결과는 참으로 놀랍다. 그 성과를 보고 있노라면 입에서 절로 탄성이 새어 나온다.

하지만 그것은 폭식하듯 무절제하게 정보를 집어삼키는 학습법이다. 과연 그런 가공의 정보들을 장기적으로 기억해야 할 필요가 있을까? 대회 마지막 날 트로피를 치켜들며 다른 사람들로부터 세계 챔피언이라는 칭호를 듣는 것 외에, 그 능력의 다른 쓸모가 있을까?

정보의 스토리텔링

기억력 강자 중 한 명인 도미닉 오브라이언은 세계 기억력 대회에서 여덟 번이나 우승했으며 40년 전통의 독일 퀴즈쇼 〈내기할래?〉에서 퀴즈왕을 차지하기도 했다. 또한 그는 기억에 관한 자신만의 테크닉을 대중화하는 데 성공했다. 《당신의 기억력을 향상하는 50가지 검증된 방법》을 비롯한 책도 몇 권이나 썼다.

그가 제시한 50가지 방법 중 몇 가지는, 가령 은행 계좌번호를 외우는 데 엄청나게 유용할 법한, 창의적이고 실용적이며 중요한 기술들이다. 그뿐 아니라 오브라이언은 오스카상을 받은 영화의 제목이나 역사적으로 중요한 사건이 일어난 날짜 등을 외울 방법들도 알려준다.

하지만 그의 접근법엔 반박할 만한 허점이 다분하다. 무엇보다 내가 보기엔 그런 방법으론 상식을 쌓는 데 성공할 가능성이 희박하다.

당신이 내 뜻을 좀 더 확실하게 이해할 수 있도록 구체적인 사례를 하나 들어볼까 한다. 이를테면, 오스카상을 받은 영화 제목을 연대순으로 기억하기 위해 오브라이언이 추천하는 방법은 소위 '위치암기법'이다. 기억하고자 하는 정보를 이미지로 배열한 다음 익숙한 이야기로 연결하는 방법이다. 지난 10년간의 수상작으로 이야기를 만들면 이러하다.

당신은 어떤 왕에게 가서 영화표를 산다(〈킹스 스피치〉). 짖지 못하는 잭 러셀 테리어 한 마리(〈아티스트〉)가 팝콘을 건네고 날카로운 눈빛의 벤 애플렉(〈아르고〉)이 표 검사를 한다. 그때 누군가 채찍을 맞는 걸 보면서(〈노예 12년〉) 복도를 지나 자리에 앉는다. 조금 뒤 옆자리엔 새 머리를 한 남자(〈버드맨〉)가 앉았고 스크린엔 조명이 이글이글 타올랐다(〈스포트라이트〉). 영화관을 나오자 깜깜한 밤이 되었고 달빛이 은은하게 빛났다(〈문라이트〉). 집으로 돌아오는 길에 비가 내리기 시작했고(〈셰이프 오브 워터〉), 그런데도 무아마르 카다피가 다가와 기어이 자기가 쓴 초록색 책(〈그린북〉)을 주고 갔다. 책을 펼치자 안에는 벌레(〈기생충〉)만 득실거렸다.

꽤 인상적인 이야기이고 그래서 기억에도 남을 것 같다. 이 난해한 이야기의 도움으로 오스카 수상작의 제목을 연대순으로 기억하는 게 한결 수월하리라 확신할 수 있다. 하지만 이런 이야기를 짜는 데 시간을 들이느라 정작 영화 그 자체에 대해 알아볼 시간을 잃게 된다는 부작용이 있다. 게다가 해마다 추가되는 수상작은 어떻게 처리할 텐가? 그야말로 끝없는 이야기다! 브리타니아 합금으로 만들어진 몸체를 24*k*로 도금한 4*kg* 남짓의 오스카 트로피는 한

해에 최소 24개 부문에 수여된다. 그 제목을 모두 기억하는 데 필요한 이야기를 짜는 것은 우리의 지식을 낭비하는 일이다.

이처럼 허구의 이야기 속에 정보를 녹여버리는 방법은 오히려 상식을 쌓는 데 걸림돌이 된다. 내가 아는 한, 퀴즈 챔피언 중에는 이런 방법을 쓰는 사람은 없다. 심지어 나는 이런 트릭이 근본적으로는 우리의 지적인 능력에 거추장스러운 짐이 된다고 생각하는 편이다. 해당 주제에 대해 깊이 알거나 이해하지 않아도 될 때만 유용한 방법이다.

예컨대, 독일 학생들은 태양계 행성을 "Mein Vater erklärt mir jeden Sonntag unseren Nachthimmel"라고 말하며 외운다. "내 아버지는 일요일마다 내게 우리의 밤하늘에 관해 설명해주셨다"는 뜻과 무관하게 수성Mercury, 금성Venus, 지구Earth, 화성Mars, 목성Jupiter, 토성Saturn, 천왕성Uranus, 해왕성Neptune의 앞글자를 외우기 위해 작위적으로 만들어진 문장이다.

하지만 일곱 번째 행성인 천왕성은 하노버 태생인 독일계 영국인 천문학자 빌헬름 허셜에 의해 1781년에 발견되었고, 독일인 요한 고트프리트 갈레가 베를린 천문대에서 여덟 번째 행성을 발견한 것은 그로부터 75년 후라는 것까지 알고 나면 쓸데없는 문장을 만들어 천왕성과 명왕성의 순서를 외울 필요가 없다. 더군다나 2006년에 세계 천문학 협회가 명왕성을 왜소 행성으로 강등시켰을 때도 작위적인 정보를 수정할 필요가 없었다. (명왕성Pluto이 태양계에 포함되던 시절엔 태양계 암기 문장은 "Mein Vater erklärt mir jeden Sonntag unsere neun Planeten"였다. — 옮긴이)

5 독일의 공인 상식 시험

독일에서는 2년에 한 번씩 80명의 젊고 유망한 지원자들이 헨리-난넨 학교의 입학시험에 응시한다. 모두 직접 쓴 르포르타주 기사로 수많은 경쟁자를 제치고 1차 관문을 통과한 이들이다. 나는 언론인은 아니지만 까다롭기로 유명한 이 학교의 상식 시험이 치러질 무렵을 정확하게 알고 있다. 몇몇 초조한 응시자들이 유용한 팁을 묻거나, 하물며 벼락치기 과외를 해달라고 내게 연락하기 때문이다.

시험이 끝난 후 공개된 기출 문제를 보노라면 입이 떡 벌어진다. 독일 엘리트 언론인을 양성하는 기관에서 케케묵은 상식 시험을 치른다는 사실 자체를 놀라워하는 사람도 있다. 오늘날은 검색 능력도 실력인 시대가 아니던가. 하지만 깊은 배경지식에서 제대로 된 질문이 나오는 법이다. 이 기관은 수많은 실전 경험을 통해 폭넓은 상식이 언론인의 역할 수행과 연관이 있다는 결론을 내렸다. 상식을 갖춘 기자들이 "기발한 기삿거리를 찾고 인터뷰에서 적절하게 호응하며 사실관계 상의 오류를 잘 찾아내고 효율적으로 취재한다"라고 말이다.

궁극적으로 이 시험은 지원자들의 자기소개서에 상투적으로 등장하는 '지적 호기심'과 '다양한 관심사'의 진위를 점검하는 절차다. 둘 다 언론인에게 없어선 안 될 자질이다. 상식 시험은 자신을 과대평가한 지원자는 누구인지, 실제로 언론인에게 필요한 교양을 갖춘 사람은 누구인지를 가려내는 도구다.

얼마나 까다로운 시험인지는 제한 시간 45분 동안 출제된 모든 문제를 다 맞힌 사람이 여태껏 아무도 없었다는 사실로 미루어 짐작하길 바란다. 시사적인 문제가 출제되므로 기출 문제를 풀어본다지만 시험의 개요를 알아보는 수준이다. 해를 거듭할수록 난도는 높아진다. 질문은 고정적인데 답이 바뀌는 경우도 있다. 주로 고전 지식 분야를 전반을 다룬다. 예를 들자면, 세계문학[Q5], 자연과학[Q6], 외래어[Q7-8], 미술[Q9], 지리 등이 여기에 포함된다.

유력 언론사 편집장 중 다수가 이 시험 통과로 경력을 시작했다. 그 밖에도 많은 언론인들이 헨리-난넨 학교를 졸업했다. 〈빌트〉지의 편집장 니콜라우스 블로메, 자기주장 강하기로 정평이 난 〈슈피겔〉의 칼럼니스트 얀 플라이쉬하우어, RTL 메인 뉴스의 간판인 페터 클뢰펠이 모두 이 학교 출신이다. 함부르크뿐 아니라 쾰른의 정치경제 전문 언론인 학교에서도 유능한 특파원이 되어 전 세계로 뻗어 나갈 미래의 졸업자들을 선발하는 시험에서 정치경제 분야뿐 아니라 상식 전반을 다룬다.

정보를 널리 퍼뜨리고자 하는 사람이라면 그 자신이 가능한 많은 정보를 알고 있어야 한다는 것이 상식 시험을 치르는 취지다. 자기만의 지식 세계를 탄탄하게 갖추고 있어야 새로운 정보와 뉴스의 가치를 제대로 선별할 수 있다.

어디에서나 요구하는 상식

비단 언론인 학교에서만 상식을 기준으로 지원자의 자질을 평가하는 것은 아니다. 다음 세 문항은 다른 기관에서 시행한 상식 시험 기출문제다. 당신도 문제를 풀어보고 과연 선발 시험에서 이런 문제를 내는 기관은 어디일지 맞혀보라.

1. 이모티콘 ^_^ 이 표현하는 것은?

a) 웃음 b) 지루함 c) 화 d) 부끄러움

2. 다음 대구를 참조하여 마지막 빈칸을 채우시오.

푸디스Puhdys = **오라니엔부르크**Oranienburg

디 토텐 호젠 Die toten Hosen = **뒤셀도르프**Düsseldorf

카라트Karat = **베를린**Berlin

스콜피언스Scorpions = (?)

다름 아닌 외교관 선발 시험에 출제된 문제들이다. 외교관으로서 세계 곳곳에서 독일을 대표하기 위해서는 ^_^이 웃음을 나타낸다는 것과 스콜피언스는 하노버Hanover 출신 록밴드라는 것을 동시에 알아야만 한다. 물론 시험 대부분은 정치와 경제, 역사와 지리, 경제에 관한 지식을 묻고 언어 구사력 등의 직무와 연관되는 능력을 가늠하는 데 중점이 맞춰져 있다. 하지만 독일 록 음악에 대한 지식을 기대하는 질문도 간간이 섞여 있다.

미래의 동료들에게 일정 수준의 상식을 요구하는 직장이

꼭 엘리트 기관만은 아니다. 일반 기업의 역량 평가나 면접 시험에서도 "빛이 태양에서 지구까지 도달하는 데는 얼마가 걸리는가?" "현재 유럽연합의 총 인구는 얼마인가?" "독일의 의전 순위에서 연방총리는 몇 번째인가?" 등의 질문이 심심찮게 등장한다.

해당 직종이 꼭 이런 질문에 답을 할 수 있어야만 업무를 수행할 수 있는 것도 아니다. 다만, 다방면에 정통한 사람이 호기심도 많고 다재다능하다는 전제 하에 이런 상식 시험으로 직원을 선발하는 것이다. 더불어 지식의 구멍이 원치 않는 방식으로 만천하에 공개돼 이른바 '사회생활이 쫑 나는' 최악의 경우를 막자는 의도도 있다. 가령 독일에서 독일의 국가 원수는 총리라고(독일은 총리제이지만 국가 원수는 대통령이다 — 옮긴이) 알고 있는 사람은 직장에서 가벼운 경멸을 받는 것 이상의 대가를 치르게 될 수도 있다.

상식 시험을 통해 알 수 있는 것이 비단 지원자들의 상식 수준만은 아니다. 상식은 배우는 자세와 새로운 경험에 대한 개방성을 가늠하는 척도이기도 하다. 학교 시험은 벼락치기로 높은 점수를 받을 수도 있지만, 상식 시험은 광범위한 분야에서 출제되므로 오랜 시간 차곡차곡 배우고 공부한 사람만이 좋은 결과를 낼 수 있다.

면접 전형까지 올라간 구직자들만 이런 질문을 받는 것도 아니다. 일반인 누구나 '보훔 지식시험Bochumer Wissentest, BOWIT'처럼 공인된 상식 시험을 통해 미리 상식을 점검할 수도 있다. 이 시험은 도이치 방크 개인 컨설턴트 출신으로 풍부한 실전 경험을 갖춘 경영심리학자 뤼디거 호시프가 개발했다. 그는 독일 보훔의 루르 대학교와 개발 프로젝트 팀을 꾸려 현재 약 1,200개의 질문을 개발하고 수정했다. 질문은 모두 객관식이고 네 개의 선택지 외에 '정답 없음'을 선택할 수도 있는 오지선다형이다. 이를테면 이런 식이다.

> **1863년 세계 최초로 지하철 운행을 시작한 도시는?**
>
> **a) 시카고 b) 파리 c) 베를린 d) 뉴욕 e) 정답 없음**

정답은 e)다. 도시 지면 아래로 승객을 실어 나르는 정규 교통편을 갖춘 첫 번째 도시는 영국의 수도인 런던이기 때문이다. 다섯 번째 선택지를 채택한 이 시험은, 연필 굴리기로 정답을 맞힐 가능성을 줄여서 제대로 아는 사람에게 제대로 된 보상을 하게 될 가능성을 높였다.

하지만 보통 상식시험은 선택지에 '답 없음'을 넣지 않는다. 퀴즈 대결에서도 마찬가지다. 경제적인 이유 때문이다.

분명한 선택지로만 구성된 시험이 표준화하기 좋고, 시험이 표준화될수록 더 많이 치를 수 있기 때문이다. 맞고 틀림의 구분이 정확하다는 것도 장점이다. 자연히 평가의 정확도도 높아진다.

BOWIT의 출제 범위는 다음 열 가지 분야다.

생물/화학, 영양/운동/건강, 지리/교통, 사회/시대별 사건/정치, 역사/고고학, 수학/물리, 철학/종교, 언어/문학, 기술/컴퓨터, 경제/법.

범위는 대중적인 커리큘럼에 기초하여 정해졌다. 음악, 스포츠, 영화, TV 등 대중문화에 관한 지식은 포함되지 않는다. 또한 고정된 질문이 일반적이다. 언론인 선발 시험과는 달리, 현재 진행형인 정치사나 증시 현황에 대해서는 물어보지 않는다. 관점에 따라 답이 달라질 수 있는 질문도 출제되지 않는다.

여러 차례 검증을 거친 BOWIT의 문제들은 기업이 지원자들의 능력을 제대로 평가하도록 돕는다. 독일 내에서 이와 비견될 만한 다른 평가시험은 없다. 하지만 실제로 직원 채용 절차에 BOWIT을 도입한 기업은 드물다. 호시프는 그 이유를 측정 시험이 대중화되지 않은 독일 상황에서 찾는다. 독일은 이런 시험과 관련해서는 개발도상국 수준이며, 국가별 비교 연구에선 항상 하위권을 면치 못한다고 한다.

무엇보다 여전히 많은 책임자가 면접에서 날카로운 질문 몇 개만 던지면 신뢰할 만한 선별 결과를 얻을 수 있다는 착각에 빠져 있는 탓이다. 기업의 권력 구조에서 인사팀이 약체에 속한다는 것도 채용 방식이 개선되지 않는 이유로 꼽힌다. 객관적인 채용 기준을 마련하는 데 더 많은 투자를 한다면 잠재적으로 그리고 장기적으로 더 많은 이득을 얻을 수 있다.

Q&A

Q5 영국을 대표하는 작가, 윌리엄 셰익스피어는《베니스의 상인》외에도 또 한 편의 비극을 이탈리아의 수상 도시를 배경으로 썼다. 이 작품의 제목은?

Q6 국제적으로 통일된 측정단위인 7개의 SI 단위란, 킬로그램(*Kg*), 초(*s*), 미터(*m*)와 질량의 단위인 몰(*mol*), 광도의 단위인 칸델라(*cd*), 그리고 과학자 이름을 딴 켈빈(*K*)과 암페어(*A*)를 말한다. 켈빈과 암페어는 각각 무엇을 측정하는 단위인가?

Q7 전 세계에 널리 퍼진 새 종류로 최고 시속 320*km*로 급강하하여 지구에서 가장 빠른 동물로 꼽히는 새의 이름은?

Q8 구약성경이 969세를 살았다고 전하는 노아의 조부는 누구인가?

Q9 〈붉은 포도밭〉이란 그림은 어떤 유명한 작가의 생전에 판매된 유일한 작품으로 추정된다. 이 작가는 누구인가?

A5 〈오셀로〉. 이탈리아 작곡가 주세페 베르디는 이 작품을 바탕으로 4막짜리 동명의 오페라를 만들었다. 오손 웰즈는 이 작품을 영화화해서 1952년 칸 영화제 황금종려상을 받았다.

A6 온도와 전류. 먼저 온도를 측정하는 단위인 '켈빈'은 24살에 열역학적 온도 척도를 처음으로 제안한 물리학자 윌리엄 톰슨에게서 비롯한 이름이다. 그는 후에 남작 작위를 받아 '켈빈 경'으로 불렸다. 전류를 나타내는 '암페어'는 프랑스의 수학자이자 물리학자인 앙드레-마리 앙페르에서 이름을 따왔다.

A7 매. 남극까지 전 세계 모든 대륙에서 서식한다. 독일 자연보호협회는 1971년부터 해마다 '올해의 새'를 선정하는데 그 첫해에 매가 선정되었다.

A8 므두셀라. 그 이름은 '창을 던지는 자'로 번역된다.

A9 빈센트 반 고흐. 이 네덜란드 화가의 그림 중 최고가는 1990년 뉴욕의 크리스티 경매에서 나왔다. 8,250만 달러라는 기록적 가격으로 고흐가 자살하기 직전에 그린 〈가셰 박사의 초상〉을 사들인 사람은 일본의 기업가이자 예술품 수집가 사이토 료에이다.

6

상식을 쌓는 데는 시간이 필요하다

우리의 지식 그 하나하나는 시간과 노력을 들여 학습한 결과물이다. 우리는 지식을 습득하는 데도 노력이 필요하다는 사실을 잊어버릴 때가 많다. 항상 의식적으로 공부하진 않더라도 어떤 식으로든 무엇을 아는 데 시간과 관심을 투자했고 당신이 지금 아는 지식이 그 결과다. 하늘에서 뚝 떨어진 기적이 아니다. 어디서든 다양한 형식으로 지식을 흡수하는 사람의 지식의 양은 정확하게 가늠할 수가 없음을 명심하자.

상식이 잘 쌓이는 뇌가 따로 있을까?

루르 대학교의 행동심리학 박사인 에르한 겐크가 2019년에 발표한 연구는 이런 궁금증에 답을 내놓았다. 이 젊은 과학자와 그의 연구팀은 일반교양이 풍부한 사람들과 지식이 부족한 사람들의 사이에 두뇌 차이가 있는지를 조사했다.

먼저 324명의 남녀를 대상으로 BOWIT을 실시해 일반상식의 정도를 측정했다. 그리고 연구 대상자의 뇌를 특수한 자기공명 단층 촬영술MRI로 검사했다. 신체 조직에서 물 분자가 확산하는 움직임을 측정한 다음 입체 영상으로 나타내는 기술이다. 이런 식으로 뇌 속 신경섬유와 그들 간의 상호 연결을 검사하자 머릿속 망 조직의 특성을 구조적으로 이해할 수 있었다.

그 결과, 일반교양 수준이 높은 사람들의 뇌에서 신경세포와 해당 뇌 영역 간의 상호 연결이 더 효율적으로 이뤄지고 있음이 확인되었다. 이는 새로운 지식의 저장과 소환 모두를 수월하게 하는 결과로 이어졌다. 이미 뇌에 다양한 항목이 존재하므로 새로운 지식이 그 일부분으로 저장되기 쉽기 때문으로 추정되었다.

그러나 상식의 수준이 높을수록 뉴런의 개수도 많다는 증거는 찾지 못했다. 이는 지식을 더 많이 저장할 수 있는 타고난 뇌는 따로 없음을 말해준다. 본성Nature과 양육Nurture에 관한 고전적인 질문, 즉 학습력은 타고나는 것인지, 아니면 살면서 계발되는 것인지에 관한 정답도 여기서 찾을 수 없다.

우리의 행동, 환경 혹은 유전적 형질 중 무엇이 더 결정적인 영향을 미치는가? 많이 배우고 많이 알아가다 보면 뇌의 각 영역이 효율적으로 연결되는 것일까? 아니면 반대로 머릿속 연결망이 효율적으로 기능하는 덕분에 쉽게 배우고 쉽게 기억하는 것일까? 이런 의문은 말끔하게 풀리지 않는다.

다만, 의식적으로 지식을 쌓다 보면 두뇌 구조에 긍정적인 영향을 미칠 수 있으리라 가정할 수는 있다. 이미 한번 학습에 성공한 사람은 더 큰 성공을 거둔다. 물론 후속 연구가 필요한 부분이라 단언할 수는 없다. 심리학자들은 지난 수백 년간 여러 가지 표준화된 IQ 테스트를 통해 인간의 지능을 측정하려고 시도해왔다. 그 모든 노력에도 불구하고 지능에 대한 보편타당한 정의는 오늘날까지도 내려지지 않았다.

레이몬드 카텔의 두 가지의 지능

그나마 미국의 심리학자인 레이몬드 카텔이 지능에 대해 내린 근본적인 가정이 가장 널리 알려져 있다. 그는 지능은 유체 지능과 결정 지능으로 구성되리라 가정했다. 유체 지능은 문제를 해결하고 논리적인 결론에 이르는 능력이다. 예컨대, 유체 지능을 측정하는 방법으로는 전 세계 수재들의 모임인 멘사 협회의 IQ 테스트가 있다. 다음은 그중 일부다.

다음으로 적합한 숫자를 찾아 수열을 완성하시오.

a) 1,3,6,10…?

b) 8,6,7,5,6,4…?

c) 3968,63,8,3…?

문제에 대한 답은 이렇다.

a) 15 (+2, +3, +4…),

b) 5 (-2, +1, -2, +1…),

c) 2 (뒤 숫자를 제곱한 다음 1을 빼면 앞 숫자가 된다.)

이런 문제를 풀 때 바탕이 되는 생각의 과정은 경험과는 완전히 무관하다. 논리적이고 추상적인 사고이든, 패턴 인식을 중점에 둔 사고이든 할 것 없이 과거 경험이 아무런 영향을 미치지 않는다.

반대로 결정 지능은 숙련된 능력과 습득된 지식을 활용하는 능력을 뜻한다. 이런 지능에는 살면서 습득했다가 필요할 때 문제 해결에 활용할 수 있는 지식의 총합이 반영된다. 하지만 결정 지능이 우리의 상식과 직접적으로 연관되는 정도에 비해 결정 지능을 연구하고 측정하려는 시도는 매우 드물다. 적어도 내가 알기로는, BOWIT을 제외하면 학술적 연구를 위해 고안된 시험 몇 개가 있을 뿐이다.

결정 지능에 대한 평가는 어쩔 수 없이 문화에 따라 크게 달라지기 때문이다. 한국이 알아야 할 일반교양은 당연히 미국인이나 일본인, 러시아인이 알아야 할 것과 전혀 다르다. 이처럼 결정 지능에 대한 연구는 자국의 문화와 언어와 긴밀하게 맞닿아 있는지라 국제적인 교환이 쉽지 않다. 당연히 연구 결과를 일반화할 수도 없다.

하지만 이렇게 불명확한 결정 지능의 분명한 특징이 있다면 바로, 유체 지능과는 달리 후천적으로도 계발이 가능하다는 것! 지식을 습득하고 어휘를 확장하고 숙련도를 높임으로써 우리는 우리의 결정 지능을 끌어올릴 수 있다. 보훔 대학 연구진이 발견한 결과와 연결하면 이런 경향의 의미가 더욱 선명하게 다가온다. 즉, 다양한 뇌 영역의 신경섬유들끼리 효율적으로 연결될수록 결정 지능도 높아진다고 볼 수 있다. 본성이 먼저냐 양육이 먼저냐의 문제는 여전히 해결되지 않았지만, 의식적인 학습이 우리의 뇌 구조에 계속 긍정적인 영향을 줄 수 있다는 점만은 분명해 보인다.

내가 꽃무늬 셔츠를 좋아하는 이유

"어쨌든 너는 다 기억하잖아!" 이 말을 나는 자주 (어쩌면 너무 자주) 듣고 산다. 언뜻 기분 좋은 칭찬으로 들리지만 곱씹어보면 비난의 뉘앙스가 다분하다. 나의 기억력은 점보 사이즈여서 남보다 배우는 게 훨씬 쉽고 퀴즈 정답도 쉽게 맞힌다는, 경쟁 자체가 불공정하다는 말과 다름없기 때문이다.

그런데 나 역시 사람인지라 기억이 가물가물할 때가 많다. '아, 열쇠를 어디에 뒀더라?' 게으름을 부리다가 장 볼 것을 메모하지 않은 날엔 어제 사려고 했던 것과 전혀 다른 물건들을 장바구니에 넣고 나온다.

또한 나는 아직도 꽃 이름을 정확히 기억하지 못한다. 아마 그래서 내가 꽃무늬 셔츠를 즐겨 입는 것 같다. 의식적으로 애를 쓰다 보면 부분적으로나마 성공할 때가 있으니까.

나는 천남성을 찾느라 수목원을 뒤지기도 하고, 할머니의 주말농장에서 화단 정리를 도운 적도 여러 번 있다. 그 결과 할머니가 가장 좋아하는 달리아를 알아보게 되었고 어머니가 좋아하는 국화와도 구별할 수도 있게 되었다.

하지만 그렇다고 내가 알렉산더 폰 훔볼트 같은 자연과학자가 될 리는 결단코 없을 것이다. 어떻게 내 머리라고 남들과 크게 다를 수 있겠는가? 실제로 내 뇌가 보통 사람들의 뇌와 얼마나 큰 차이가 있는지 모르겠다. 검사를 받아본 적도 없다.

나는 할 수 있다고 믿으면 모든 것이 가능하다고 말하는 이른바 "야, 너도 할 수 있어!" 스타일은 절대 아니다. (이렇게 말하는 강사들의 세미나에 수천 유로를 내고 들어가면 이런 구호를 외치며 껑충껑충 뛰어다닌다고 들었다.) 누구나 전 세계 퀴즈 챔피언이 될 수 있는 것도 아니다. 논리적으로만 봐도 그 자리에 오를 수 있는 사람은 1년에 딱 한 명이고 나조차도 아직 이루지 못한 과업이다. 광범위한 지식을 쌓기 위해 이런저런 수단을 시도해본 나에게도 수천 권의 책을 읽어야 오를 수 있는 세계 최고의 퀴즈 챔피언의 자리는 여전히 멀리 있는 목표다.

1만 시간의 법칙

하지만 내가 학습에 쏟은 시간이 1만 시간은 넘으리라 확신한다. 캐나다 출신 언론인 말콤 글래드웰Malcolm Gladwell이 2009년 《아웃라이어: 성공의 기회를 발견한 사람들》에서 '마법의 숫자'라고 명명한 바로 그 1만 시간이다. 글래드웰은 한 사람이 특정 분야에서 달인이 되기 위해서는 분명한 재능과 더불어 1만 시간이 꼭 필요하다고 주장한다. 환상적인 아이디어 혹은 훌륭한 유전적 조건 그 자체만으로는 충분치 않다.

실제로도 '1만 시간의 법칙' 사례들은 수없이 많다. 축구계와 농구계의 간판으로 꼽히는 크리스티앙 호날두와 코비 브라언트는 연습장에 제일 먼저 도착해 제일 나중에 가는 선수였다고 한다. 특히 헬리콥터 추락 사고로 세상을 떠난 코비 브라이언트는 정기 훈련이나 경기 시작 몇 시간 전에 코트에 나와 아주 기초적인 연습부터 한 것으로 유명하다. 또한 경기가 끝난 후에도 홀로 남아 자유투 연습을 했다고 한다. 고난도 신체기술은 부단한 훈련을 통해서만 가능하다. 하지만 음악적 혹은 정신적 능력 또한 상당 부분은 집중적 훈련의 결과로 성취된다.

'1만 시간의 법칙'에는 분명 반론의 여지도 있다. 특히 미국의 심리학자 앤더스 에릭슨은 글래드웰의 주장에 근거가 된 자신의 과거 연구를 부정했다. 그는 1990년대에 베를린의 직업 음악가들을 대상으로 연구를 진행했고, 음악가의 연주 혹은 연습 시간이 성공 여부와 밀접하게 연관된다는 것을 학술적으로 증명했다. 연습을 많이 할수록 멋진 경력을 쌓을 가능성이 높아진다는 에릭슨의 주장을 글래드웰은 적극적으로 차용했다. 하지만 정량적인 의미에서 1만 시간이란 마법의 숫자는 의미가 없다. 1만은 주먹구구식으로 도출된 숫자에 불과하고 그 시간만큼 노력한다고 모든 일에 무조건 성공하는 것도 아니다.

가령 내가 1만 시간 동안 노래 연습을 한다고 해서 절대음감이 되는 일은 없을 것이다. 최신의 메타연구에 따르면 연습이 성공에 미치는 영향을 정량화하자면 12% 남짓이었고 그마저도 직업군에 따라 차이가 있는 것으로 나타났다.

비록 글래드웰이 장담한 것만큼은 아닐지라도, 노력이 없으면 보상도 없다는 대전제는 여전히 유효하다. 상식을 쌓는 일에서도 마찬가지다. 앞서 말했다시피, 상식은 습득하는 것이다. 읽고 듣고 보고 무엇보다 공부를 많이 해야 한다. 그러려면 시간이 걸린다. 이렇게 나는 항상 상식은 의식적으로 시간을 투자할 때 비로소 쌓인다고 주장해왔고 나 역시 인생의 많은 시간을 상식에 투자했다.

그래서인지 매일 몇 시간씩 공부하냐고 물어보는 사람들이 많다. 그때마다 내 입에서 구체적인 숫자가 나오길 기대한 사람들을 실망시키는 건 참으로 민망한 노릇이다. 하지만 모르는 걸 어떡하나. 공부 시간을 재본 적이 단 한 번도 없다. 물론 지식을 확장하는 활동은 내 인생에서 큰 부분을 차지하지만 학교나 학원에서 하듯 구체적인 계획이 있는 것은 아니다.

오전 10시엔 주기율표를 외우고 점심을 먹고 나선 19세기 남미 역사를 공부하고 해 질 무렵엔 각국의 통화를 머릿속에 집어넣는 식으로 학습하지 않는다는 얘기다. 그런 건 내 스타일과는 거리가 멀다. 그래서 나는 프로 운동 선수나 전문 음악가, 직업 체스선수와는 달리 구체적인 훈련 일수나 시간을 셀 수가 없다.

지식은 습득하는 것이지 주입하는 것이 아니다. 내게 무엇보다 유용했던 건 퀴즈 문제를 수천 개씩 낸 것이었다. 수천 번의 퀴즈 대결에 참여한 것도 마찬가지다. 퀴즈 대결이 고전적인 방식의 공부를 대체할 수는 없지만, 퀴즈 대결만큼 지식을 확장하고 시험할 수 있는 훌륭한 훈련장도 없다. 이제 당신은 이렇게 물을 것이다. “그럼 당신처럼 되려면 퀴즈 대결만이 답일까요?" "어떻게 하면 될까요?" 이런 당신을 위해 나의 어린 시절 이야기부터 풀어보려 한다.

공부하면 알게 된다

지식을 재미있게 잘 쌓는 방법

① 나는 내가 아는 것이다

수백만 청중들 앞에 선 내 모습을 아는 사람들은 지금부터 얘기할 나의 어린 시절을 상상조차 못할 것이다. 나는 부끄러움이 많고 우유부단하며 낯을 많이 가리는 아이였다. 자신감이 부족하며 마르고 내성적인 아이, 그래서 놀이터로 나가 다른 아이들과 어울려 놀기보다는 어머니와 함께 집에 머물기 좋아하던 아이가 나였다. 그런 내게 무슨 일이 있었던 것일까?

이걸 알려면 내가 처음으로 다른 사람으로부터 인정을 받았던 기억을 되짚어 봐야 한다. 어떤 질문에 정답을 말하는 순간 내 존재가 또렷해졌던 기억. 그제야 비로소 다른 친구들 눈에도 창백하고 깡마른 내가 보이기 시작했다. 이를 위해 필요했던 건 질문을 하고 답을 알려주는 어떤 틀이었다. 그 틀은 학교가 제공했다. 내가 남들보다 월등하게 뛰어났단 얘길 하는 게 아니다. 원래 흥미가 있던 영역에서부터 존재감을 드러냈다.

지리와 수학 그리고 체육이었는데, 체육의 경우 실습보단 이론 쪽이 나았다. 나는 학교에 입학하기 전부터 세계 여러 나라의 수도와 국기를 알았고 구구단을 능숙하게 외웠다. 운동장에서는 축구 경기 결과와 통계를 줄줄 읊어서 또래 소년들에게 강한 인상을 남겼다.

친구들이 서서히 나를 '척척박사'라고 불렀다. 당연히 모든 것을 척하면 척! 알진 못했다. 그래도 독일의 역대 총리와 대통령의 이름처럼, 일반적인 초등학생이 알지 못하는 사실 몇 가지를 알고 있었다. TV 뉴스를 보다가, 혹은 동전 뒷면을 탐구하다가 하나씩 얻어걸린 지식이었다. 그런 것만 알아도 교실에서 척척박사로 통하기엔 충분했다. 사람들 뇌리에 한번 각인이 되면 쉽게 지워지지 않기 때문이다. 고등학교 졸업 앨범에 붙은 롤링 페이퍼에도 내 별명은 '걸어 다니는 백과사전' 혹은 '구글 대신 제바스티안'으로 남아 있다.

생각해보면 대백과사전이 그렇게 재미있어 보이지는 않

았다. 아니, 우리 집엔 그런 사전 자체가 없었다. 다만, 다른 사람 눈에 띄는 존재가 되고 싶은 욕망이 내게 강한 원동력으로 작용했다. 나는 내게 덧씌워진 이미지에 부응하기 위해 최선을 다했다. 정답을 모르는 질문은 계속 마음에 두고 기필코 답을 알아내고야 말았다. 무언가를 모른다는 것은 내 자아상에는 물론, 주변 사람들이 그린 나의 이미지에도 어울리지 않았다. 다행히 내 인생이 집에 죽치고 앉아 손에 잡히는 모든 것을 꾸역꾸역 외울 정도로 따분하진 않았다.

상식을 위한 마음

그런 점에서 나의 발전은 일종의 자기실현적 예언으로 볼 수 있다. 그것이 악순환이 될지 선순환이 될지는 오로지 자신에게 달렸다. 만약 당신이 "아, 나는 어차피 못 외울 거야" 혹은 "내가 지리에 젬병이라는 걸 이미 모두 알잖아"라고 생각한다면 그렇게 될 가능성이 높다.

거의 모든 감정은, 때로는 분노마저도, 성공적인 학습을 하는 데 없어선 안 될 요소이지만 어떤 것을 할 수 없을 것 같다는 기분만은 생산력을 떨어뜨린다. 생각이 현실을 만든다. 할 수 없다고 생각하는 대신, 지금은 부족하지만 어느 정도 수준 있는 지식을 갖출 필요가 있다고 마음먹는 게 한

결 유익하다. 그 올바른 귀결까지 상상한 당신은 거기에 맞는 방향으로 움직일 것이다.

예컨대 에콰도르란 남미 국가 이름을 뉴스에서 들었다고 치자. 일단 속으로 가만히 자신을 테스트해볼 것이다. '내가 이 나라에 대해 말할 수 있는 게 뭐가 있지?' '이 나라의 수도 이름은 뭐지?' '어느 대양을 끼고 있는 나라지?' '이 나라의 이름은 어디서 왔을까?' 이런 질문들을 시작으로 당신은 에콰도르에 대해 집중적으로 공부하게 될지도 모른다.

그러면 당신은 카나리아 제도에 속하는 갈라파고스의 섬들에 대해 알게 될 것이다. 에콰도르가 적도에 걸친 13개국 중 하나로 그 이름도 적도Equator에서 따왔으며, 수도는 키토Quito이고, 구도심은 독일의 아헨 대성당과 함께 1978년 처음으로 등재된 유네스코 문화유산 중 하나라는 것까지 알게 될 것이다. 어쩌면 에콰도르에서 남쪽으로 150*km* 떨어진 아프리카 국가, 적도기니는 적도에 걸쳐 있지 않으면서도 이름에 적도를 넣었다는 사실까지 알게 될 것이다.

상식을 위한 태도

상식을 늘리고 싶은 사람에게 나는 자문자답을 규칙적으로 해보라고 권한다. 딱히 물어볼 게 없을 땐, 그냥 '내가 아는 게 뭐지?'라고 자문하는 것도 좋다. 그러고선 스스로 내놓은 답이 옳은지를 점검한다. 가령 나는 영화를 좋아하므로 '마틴 스코세이지, 알프레드 히치콕, 베르너 헤어조크의 영화 5편과 그 영화의 주연 배우를 즉석에서 댈 수 있는가?'를 물어볼 것 같다.

누군가와 대화를 하다가 혹은 미디어를 시청하다 우연히 주워들은 단어에서부터 시작할 수도 있다. 〈타트 오르트〉(1970년부터 현재까지 무려 1,000편이 넘게 방영한 독일의 범죄 수사 시리즈물로 '범죄 현장'이란 뜻이다—옮긴이)에 푹 빠진 회사 동료가 최신 에피소드에 대해 반복해서 떠들 때 당신은 속으로 딴생각을 해볼 수 있다. '일요일 저녁 1번 채널에서 방영하는 드라마 주인공이 누구였더라?' 저녁 뉴스에서 에마뉘엘 마크롱 프랑스 대통령Q10에 대해 들었다면 마크롱 이전 대통령 이름 세 명을 중얼거려보는 것도 좋다.

우리는 일상에서 틈틈이 우리의 지식에 얼마나 구멍이 많은지를 스스로 깨닫고 깜짝 놀라게 될 것이다. 나 또한 항상 그러니까. 하지만 일단 구멍이 있다는 걸 알아야 막을 수도 있다. 자기 지식의 수준을 끌어올리고자 하는 사람은 "나는 내가 모른다는 사실만을 안다"에서 출발해야 한다. 자신을 '그래봤자 아는 게 많이 없는 부류'에 넣은 사람은,

애초에 그런 질문을 던지지 않을 것이고 답을 찾지 않을 것이고 지식을 넓히지 않을 것이고 따라서 앞으로도 영영 정답을 말하지 못할 것이다.

동시에 자신에게 정직한 태도 또한 정말 중요하다. "아, 맞아. 알고 있었는데."라는 말로 구멍을 감추려 해선 안 된다. 결국 그 순간엔 알지 못했다는 뜻이므로 머릿속엔 있긴 있는데 불러올 수는 없었다는 건 변명이다. 나 또한 매일같이 자기기만을 경험한다. 그 결과는 다음번에도 역시 알지 못하는 것이다. 이 부분에선 나도 완전히 자유롭지 못해서 TV 퀴즈쇼나 대회에서 자기기만의 결과물과 맞닥뜨릴 때가 종종 있다.

예를 들자면 나는 몇 달간이나 태양계에 관해 공부한 적이 없으면서도 잘 알고 있다는 착각에 빠져 있었다. 그래서 토성의 위성인 타이탄과 천왕성의 가장 큰 위성인 티타니아를 혼동했다. 그뿐 아니라 화성과 목성 사이에 있는 소행성대가 목성과 토성 사이에 있다고 생각했다. 태양계는 단골 레퍼토리이므로 이미 나는 다 알고 있다고 생각했고 그 지식이 반쪽이 될 때까지 여전히 그렇게 믿고 있었다. 태양계에 대한 내 지식에 구멍이 나 있다는 것만 알았어도 보충할 기회는 충분했다.

하루 끝에서 질문하기

나는 혼자서는 도저히 대답할 수 없을 때만 구글 검색을 권한다. 정보를 기억해내는 것도 훈련하기 나름이기 때문이다. '원래 알던 것'이라도 기억해내는 법을 배우거나 훈련하지 않으면 저장된 정보를 찾을 수가 없다. 기억해내기는 반복하기와 마찬가지로 우리의 지식을 단단하게 굳혀주고 약해진 기억력을 개선하는 데 특히 효과적이다.

기본적으로 내게는 잠자리에 들기 전에 오늘 하루 동안 새로 알게 된 정보가 무엇인지 스스로 물어보는 습관이 있다. 흥미로운 정보와 생각을 망각의 늪에서 구출해내는 나만의 습관이다. 낮에 해놓은 메모를 보면서 기억을 소환해보기도 하고 반대로 무언가를 끼적이면서 생각을 불러오기도 한다. 어떤 날은 온종일 새로운 걸 깨달은 적이 없다. 그러면 그때라도 새로운 사실이나 깨달음을 찾아본다. 지식에 대한 목마름을 해소하고 나면 엄습했던 두려움이 사라지고 평화롭게 잠들 수 있다. 카르페 스키엔티아Carpe Scientia! 지식을 붙잡자!

Q&A

Q10 프랑스 대통령은 직무상 유럽 연합의 다른 국가의 공동 군주 역할을 겸임한다. 이 나라는 어디인가?

A10 안도라. 피레네 산맥 동쪽에 위치한 이 제후국은 프랑스 대통령과 카탈루냐의 우르헬 로마 가톨릭 주교를 공동 군주로 삼는다.

② 언어의 서랍

“내 언어의 한계는 내 세계의 한계를 뜻한다.” 저명한 철학자 루트비히 비트겐슈타인이 100년 전에 출판한《논리철학논고》의 핵심 문장이다. 그는 언어로 구성할 수 없고 표현할 수 없는 무엇은 생각할 수도 없는 무엇이라고 말했다. 그는 언어를 단순한 소통 수단 이상으로, 우리 정신의 한계를 표시하고 정의하는 생각의 근본이라고 봤다.

이 급진적이고 논쟁적이었던 견해를 비트겐슈타인보다 먼저 제시한 사람은 그 이름도 유명한 빌헬름 폰 훔볼트였다. 훔볼트는 이미 19세기에 쓴 책을 통해 언어는 단순 이해수단이 아니라 정신의 각인이자 화자의 세계관이라고 설파했다. 이들의 주장은 결국 언어학의 지원사격으로 공인되었다.

언어가 인가의 사고를 규정하다는 사피어워프의 가설에 의하면, 특정 언어로 진술된 생각과 발상이 다른 언어에서는 전혀 이해되지 않을 수도 있다고 말한다. 세상에 대한 우리의 인식은 언어와 발화된 언어에 대한 해석 가능성에 달려 있다는 이 가설은 오늘날까지도 학계의 뜨거운 감자로 남아 있다. 구체적인 언어로 확고하게 표현할 수 없는 경험과 정서라도 인지가 가능한 경우가 있지 않은가. 이런 경우도 우리의 사고 패턴에 영향을 미칠 수 있지 않은가.

다만, 언어가 우리의 사고방식 전반에 아주 구체적인 방식으로 영향을 미친다는 사실만은 결코 부정할 수 없을 것 같다. 그러므로 뛰어난 언어 능력과 어휘력은 효과적인 학습을 위한 필수 전제다. 내가 어떤 추상적인 것의 이름을 말하고 구체적으로 설명할 수 있다면 그것을 머릿속에 저장하기에도 한결 수월하기 때문이다. 그렇지 않으면 기억하는 과정이 힘들어진다. 시각적 인상을 저장하는 데도 언어화가 필요하다. 많은 이들이 사진을 찍듯 장면을 그대로 기억하는 방법이 있다고 생각하지만 그런 건 없다고 보는 편이 낫다.

모국어와 기억력의 관계

우리는 모국어를 마음대로 바꿀 수 없다. 마찬가지로 모국어 영향으로 형성된 기본적인 정보 처리 방식도 쉽게 바꿀 수 없다. 언어가 우리의 사고와 기억에 영향을 미친다는 것은 이미 여러 연구를 통해 증명된 사실이다.

최근엔 모국어의 성질에 따라 잘 기억하는 정보가 달라질 수 있다는 흥미로운 연구 결과가 나왔다. 관건은 이른바 '뻗어나가는 방향'이다. 독일어, 영어, 프랑스어, 스페인어, 이탈리아어 등 유럽어는 기본적으로 오른쪽으로 뻗어나가는 언어다. 문장의 중심부가 앞에 나오고 추가로 풀이하는 정보가 뒤에 따라붙는다.

영어문장을 예로 들자면, "The interesting book, which is now available in stores"에서 핵심은 'the interesting book'이고 'which' 이하는 부연설명이다. 같은 뜻을 한국어로 표현하면 '현재 판매 중인 재미있는 책'이 된다. 추가 정보가 핵심 왼쪽에 붙어 문장이 구성된다. 일본어와 터키어도 마찬가지다.

연구가 밝혀낸 것은 한국인이나 일본인, 터키인이 문장의 앞머리를 더 잘 기억하는 경향이 있다는 사실이었다. 아마도 앞머리의 정보를 끝까지 기억할 수 있느냐에 따라 그

문장의 이해 여부가 갈리기 때문으로 추측된다. 반대로 완전히 오른쪽으로 뻗어 나가는 언어인 인도네시아어나 아랍어를 모국어로 사용하는 사람들은 끝에 나오는 정보를 훨씬 더 잘 기억하는 것으로 나타났다.

하물며 모국어의 문법도 우리의 학습력과 기억력에 영향을 미친다. 1960년대 실행된 한 고전적 연구는 실험 대상자에게 일련의 자음을, 가령 f, g, b, l, h순으로 기억하라고 요구했다. 그리고 그 암기 내용을 분석한 결과, 암기에서 일어난 오류가 산발적이 아니라 체계적으로 나타났다. 실험 대상자들이 흔히 저지르는 오류는 원래 제시된 알파벳을 소리가 비슷한 알파벳과 혼동하는 것이었다. b를 p로 기억하듯이 말이다. 이는 우리가 정보를 처리할 때 발음 혹은 청음으로 이해하지, 시각화하지 않는다는 증거다.

언어로 꿰는 사고의 그물망

"말할 수 없는 것에는 침묵해야 한다." 위대한 오스트리아의 철학자 루트비히 비트겐슈타인을 한 번 더 인용해야겠다. 여기서 말하는 침묵은 기억한 바를 내면에서 제대로 처리하지 못하는 무능력과 결부되어 있다. 침묵하지 않으려면 적극적이고 활발하게 당신의 어휘를 확장해야 한다.

그러려면 자기 수준보다 어려운 텍스트를 읽어야 한다. 우리가 차지한 언어의 지평이 넓어질수록 우리를 둘러싼 환경을, 그것의 측면과 뉘앙스를, 더욱 섬세하게 인식할 수 있다. 새 안경을 쓰면 갑자기 세상이 선명하게 느껴지는 것과 마찬가지다. 나뭇잎이 낱장으로 보이고 버스 정류장의 시간표가 멀리서도 보인다. 개념적 다양성이 확장될 때 우리의 사고영역에서도 시야가 선명해지고 넓어지는 변화가 일어난다.

어떤 단어를 이해할 수 없다면 사전을 펼치거나 인터넷에서 검색하라. 나는 몇 년 전부터 100% 이해가 되지 않는 단어나 개념을 만나면 그 정의와 동의어를 찾아보는 습관이 생겼다. 그런 방식이 통하지 않으면 도움을 구할 만한 적절한 수단을 찾아 조언을 구하기도 한다.

또한 인물, 사물 및 개념을 기억할 때 저마다의 특성, 수량 및 범주를 적극적으로 엮어 함께 기억하는 것도 중요하다. 그 연결이 세밀할수록 인물이나 사물이 기억에 깊이 남는다. 특정 인물이나 사물에 대해 아는 바를 모두 적어보거나 그것과 연관된 정보들을 검색하는 것도 유용하다.

우리에겐 정보를 배열하고 연결하는 시공간적 축이 있다. 이 축이 든든하게 세워질수록 다음 정보를 저장하기가 수월하다. 1789년에 프랑스 혁명이 일어났고 1815년에 빈 회의가 종료되었다는 것을 말할 수 있는 사람은 1804년 나폴레옹이 황제로 즉위했다는 것도 쉽게 기억할 것이다. 특정 연도에 대한 단순한 지식은 다른 연도와 연관될 때 그 생명을 얻는다. 마찬가지로 동서남북의 인접 지역을 이미 알고 있다면 특정 주나 도시의 위치를 확실하게 기억하기가 쉽다. 지식은 그물과 같아서 망이 촘촘하면 포획물이 휩쓸려 나가지 않는다. 또한 새로운 포획물이 덧대어져 그물을 좀 더 촘촘하게 만들기도 한다.

③ 아는 것끼리 연결하기

당신은 혹시 운터하힝이 어디인지 아는가? 어떤 사람은 고개를 끄덕이며 "물론, 당연히"라고 답할 수도 있다. 유럽 사람의 경우 물론 우연히도 고향이 그 인근이라 쉽게 답할 수도 있다. 하지만 그 동네와 아무런 연고가 없는 사람도 쉽게 답할 수 있는 문제다. 심지어 덴마크와 국경을 접한 플렌스부르그 주민들도 운터하힝이 바이에른주州에 속한다는 사실을 분명하게 안다. 아는 정도가 아니라 독일 남부 바이에른주의 수도인 뮌헨에서 멀지 않은 중간 크기의 마을이라고 상세하게 설명할 수도 있다.

독일인들에게 이렇게 말하면, "아니, 그럴 수도 있지, 그게 뭐 그리 대단한 일이냐고?"라고 하기도 한다. 그럼 내가 다시 한 번 묻겠다. 혹시 당신은 오버하우젠, 잘츠코텐, 노르덴이 어디에 있는지를 아는가? 적어도 내겐 매우 까다로운 질문으로 느껴졌고 한 도시에 대해서만 간신히, 그것도 정확한 위치가 아닌 어느 주에 속해 있는지 정도만 말할 수 있었다. 방금 질문한 세 도시의 인구는 각각 2만 5,000명 남짓으로 운터하힝과 비슷하다. 독일에는 인구 2만 명 이상의 중소도시가 600곳이 넘는다. 그중 3분의 1이, 놀라지 마시라, 인구가 가장 많은 주인 노르트라인베스트팔렌에 속해 있다.

그런데 유독 운터하힝만 이렇게 유명한 이유가 있을까? 길게 설명할 것도 없다. 축구 때문이다! 프로 축구 클럽인 SpVgg 운터하힝은 1999년부터 2001년까지 두 번의 분데스리가 시즌에서 1부 리그에 진출해, 온 나라를 깜짝 놀라게 했다.

어떻게 그런 작은 스포츠 클럽이 보루시아 도르트문트나 FC 샬케04 같은 국제적 팀과 어깨를 나란히 할 수가 있었을까? 그 비결이 무엇이든 운터하힝은 분데스리가 1부 리그 첫 진출에서 부유한 루르 공업 지역을 연고로 한 두 팀을 앞서며 큰 화제를 불러일으켰다. 그리고 스포츠 클럽 운터하힝의 고공행진은 오래전에 막을 내렸다. 한때는 지역 아마추어 리그인 4부 리그까지 떨어졌다가 다시 프로 리그로는 올라왔지만 줄곧 3부 리그에 머무르는 중이다. 이제 그들의 경기에 관심을 보이는 건 지역 언론뿐이다.

하지만 2000년 분데스리가 최종전에서 맞붙은 바이엘 레버쿠젠과 운터하힝의 경기는 집단의 기억 속에 건재하다. 전직 국가대표 주장이었던 미하엘 발락이 자책골을 내줌으로써 자신과 팀의 꿈을 한꺼번에 산산조각 낸 그 전설의 장면 말이다. 레버쿠젠이 운터하힝에게 패하면서 리그의 우승컵은 뮌헨에 넘어갔고 그때부터 레버쿠젠에는 '2등 쿠젠'이란 조롱이 따라붙기 시작했다.

운터하힝은 많은 사례 중 하나일 뿐이다. 분데스리가에서 몇 년째 뛰고 있는 전통의 축구 클럽들 중에는 도시 전체가 아니라 한 도시의 구區를 대표하는 팀들도 있다. 샬케는 겔젠키르헨, 위르딩엔은 크레펠트, 바텐샤이트는 보훔의 구 이름이다. 남부 바덴뷔르템베르그주의 작은 도시인 잔트하우젠, 하이덴하임, 진스하임 또한 축구팀으로 기억되는 이름이다. 특히 TSG 호펜하임(진스하임의 행정구역 중 하나)은 소프트웨어 회사인 SAP의 창립자, 디트마르 호프로부터 든든한 지원을 받는 것으로 유명하다. 잔트하우젠과

하이덴하임, 진스하임 모두 인구 5만이 채 안 되는 도시로 세 도시의 인구를 다 합쳐봤자 인근의 로이틀링엔의 인구 수를 넘지 않지만, 인지도 면에서는 축구 도시로서 명백한 우위를 점한다.

이로운 부작용

독일 젊은이 중엔 미국 지리를 속속들이 아는 친구들이 많다. 미합중국 50개 주[Q11] 이름을 아무렇지도 않게 술술 읊어대는 친구들을 볼 때마다 나는 깜짝 놀라다 못해 감동한다. 그들은 클리블랜드는 오하이오주에, 미니애폴리스는 미네소타주에, 샬럿은 노스캐롤라이나주에 있다는 걸 정확히 안다. 캐물어보면 교환 학생을 다녀왔거나 66번 국도[Q12]를 타고 미국 횡단 여행을 해봤기 때문에 알게 된 지식이 아닐 때가 많다. 세계 지도[Q13]를 줄기차게 들여다보거나 지리 수업을 열심히 들은 결과도 아니었다.

그들 지식은 지리학과 전혀 상관없는 곳에 뿌리를 내리고 있다. 그들은 브라운스와 캐벌리어스, 바이킹과 팀버울브스, 그리고 팬더스와 호네츠를 따라 미국을 여행한다. 모두 전미농구협회NBA와 풋볼 리그NFL의 지역 기반 팀 이름이다. 특히 독일 안에서도 미국 풋볼의 인기가 날로 높아지는 추세다. 인기는 곧장 시청률 증가로 확인된다. 터치다운, 쿼터백, 슈퍼볼에 대한 관심이 높아지면서 경기가 있는 저녁에 곁들일 핫도그, 버거, 탄산음료[Q14]의 수요가 늘었고 사람들 머릿속 관련 지식도 늘어났다. 이는 반가운 부작용, 그 이상이다.

실제로 우리의 상식은 이런 부작용 덕을 많이 본다. 잠시 독서를 멈추고 당신 지식 중에도 부작용의 산물이 있는지를 따져보라. 그리고 그 예를 적어보라. 이런 자기 관찰에서 흥미로운 사실을 잔뜩 발견하리라 장담한다. 내 개인적 경험 하나를 예로 들어보겠다.

얼떨결에 로마자

나는 항상 수를 사랑했다. 구체적으로 인도 아라비아 숫자[Q15]에 홀렸다. 그런데 학교에 입학할 무렵 우연찮게 로마자를 익히게 되었다. 열 살도 채 되지 않아 로마 역사에 관심을 둘 정도로 조숙했던 건 아니다. 율리우스 카이사르 Julius Caesar의 《갈리아 전기》도, 테오도어 몸젠Theodor Mommsen의 《로마사》도 들어본 적이 없었다. 아스테릭스와 오벨릭스를 주인공으로 한 만화(로마군과 싸우는 켈트족 전사들의 이야기)를 열심히 봤던 것도 아니었다.

나는 그저 비디오테이프를 연도별로 정렬하고 싶어서 로마자를 배웠다. 세계 레슬링 연맹의 주요 경기를 담은 비디오테이프에는 대회의 개최 연도가 아니라 회차가 로마자로 적혀 있었다. 레슬마니아IV를 레슬마니아VI 앞에 놓으려면 숫자를 읽을 줄 알아야 했다. 물론 표지를 장식한 헐크 호건Q16의 몸매 변화로 시기를 구분할 수도 있었다. IV에서 VI로 넘어가는 2년 사이 그가 '비타민 다이어트'에 성공했기 때문이다. 하지만 로마자를 알게 된 이후론 호건의 태닝한 몸을 유심히 살필 필요가 없어졌다. 테이프를 정확한 순서로 이케아 책장Q17에 정렬한 나는 그 순서를 지켜가며 하나씩 차근차근 시청했다.

당신이 혹시 미식축구 팬이라면 나와 마찬가지의 방법으로 고대 로마인의 숫자 세는 법을 배웠을 것이다. 슈퍼볼의 회차도 로마자로 표기되기 때문이다. 나는 미국 레슬링 쇼에 열광한 덕분에 초등학교 친구들로부터 거의 고고학 전문가 수준의 대접을 받았다. 그리고 상급 학교에 진학해서는 라틴어를 시험 과목으로 자진 선택했다. 거구의 레슬러들이 치고받고 싸우는 광경을 즐겨보는 것이 청소년기 정서 발달에 부정적이라고 말하는 사람들도 많지만 개인적 경험으로는 그게 꼭 나쁘지만은 않았다.

지식의 다리를 놓는 방법

지금부터 할 이야기는 '컴퓨터 게임이 꼭 나쁘지만은 않다'라는 깨달음 그 이상이다. 이 일화는 우리가 애초에 관심을 두고 있던 활동을 지식 분야와 연결해 새로운 영역에 접근할 방법을 보여준다. 그 길은 우리의 의지대로 만들기 나름이다. 적절한 곳에 다리만 잘 놓으면 된다. 내가 이미 알고 있는 지식에 대해, 좀 더 알고 싶은 분야에 관한 구체적인 목록을 작성하는 것이 그 첫걸음이다.

고등학교 시절 내 단짝은 1학년 1학기만 해도 역사 문외한이었다. 그는 그 많은 왕이며 황제, 교황의 이름을 하나하나 알아야 할 이유가 도대체 뭐냐고 투덜댔다. 역사적으로 크게 대립한 두 인물이 하인리히 4세와 그레고리우스 7세인지, 하인리히 7세와 그레고리우스 4세인지 알게 뭐냐고, 카노사의 굴욕을 배우는 데 쏟을 시간에 이탈리아 소시지인 '카바노시'를 먹는 편이 낫다고 말하던 친구였다.

그런데 여름 방학을 보내고 2학기에 다시 만난 녀석이 의외의 얘길 꺼냈다. 백년전쟁이 30년전쟁 앞에 일어난 일이며 명칭이 잘못돼서 사람들을 헷갈리게 한다는 얘기였다. 그 말대로 백년전쟁은 영국과 프랑스 왕조 간의 군사적 충돌로 실제로는 이름으로 추측할 수 있는 것보다 16년이나 더 오래 지속되었다. 반면, 30년전쟁은 1618년 체코의 종교개혁자인 얀 후스를 따르던 사람들이 시위를 벌이다가 시의회 의원들을 시청사 창밖으로 던져버린 이른바 '프라하 창밖 투척 사건'으로 시작돼 1648년 베스트팔렌 조약으로 딱 30년 만에 종결되었다.

녀석의 말을 이해하기란 어렵지 않았지만 중요한 건 어떻게 그의 지식이 이처럼 폭발적으로 증가했는지를 알 수 없었다. 방학 동안 책벌레가 되는 마법에라도 걸린 걸까? 아니면 〈드래곤볼〉이나 보던 녀석이 문득 역사 다큐멘터리를 보기 시작한 걸까? 그것도 아니면 극성스러운 부모님이 억지로 역사 과외라도 시킨 걸까?

아니, 아니, 아니었다. 녀석이 한 것을 과외라고 부를 수는 있겠지만 모두가 생각하는 그런 과외는 아니었다. 무엇보다 부모님이 시켜서 한 것은 결코 아니었다. 오히려 너무 재미를 느낀 나머지 누군가 말려야 할 정도로 친구 녀석은 파고들었다.

녀석은 문자 그대로 '놀면서' 배웠다. 정확히 말하자면, 친구는 방학 동안 전략 게임인 〈에이지 오브 엠파이어〉를 했다. 미국에서 개발한 이 컴퓨터 게임은 전 세계에서 300만 팩이 팔리면서 게임의 역사가 아직 짧던 시절, 독보적인 베스트셀러로 등극했다. 그리고 수많은 청소년이 역사 지식을 쌓는 데 크게 기여했다.

이전의 수많은 전략 게임들이 공상 과학이나 판타지 시나리오를 바탕으로 했던 데 반해, 〈에이지 오브 엠파이어〉는 실제 인류의 역사를 배경으로 삼았다. 그렇게 게이머들은 고대 이집트와 그리스뿐 아니라 메소포타미아와 히타이트, 앗수르, 수메르, 바빌론 등의 고급문화에 대한 값진 지식을 얻었다.

또한 동아시아의 상나라, 야마모토 왕조, 조선 왕조, 그리고 페르시아의 거대 왕국과 해상무역으로 유명한 페니키아인, 마야와 아스텍의 선진 문명까지 알게 되었다. 이 게임은 과거 인물을 정리한 인명사전이자 인류 역사의 요약본이었다.

장군이라곤 한니발만 알던 내 친구는 수많은 가상 전투를 통해 페르시아인들이 처음으로 코끼리와 전쟁에 나섰다는 사실과 몽골 제국을 확장하는 데 기마궁수인 망구다이가 중요한 역할을 했다는 것, 그리고 오스만 제국이 발흥하는 데 엘리트 보병 군단인 예니체리가 어떤 이바지를 했는지 배웠다. 또한 〈에이지 오브 엠파이어〉의 사운드트랙은 게임의 박진감을 돋우는 오리지널 사운드와 함께 귀중한 역사적 지식을 음성으로도 전달했다.

참으로 놀라운 일이었다. '호머'라면 심슨을 떠올리고, 술탄 살라딘은 날아다니는 양탄자 이름인 줄 알던 녀석이 어느새 역사흐름상 중요한 전투인 투르 푸아티에 전투AD. 732, 만지케르트 전투AD. 1071, 레판토 해전AD. 1571Q18을 연대순으로 나열했다. 물론 녀석이 이후로도 계속 컴퓨터 게임으로만 역사적 지식을 수집하진 않았다. 하지만 게임이 시작인 건 확실했다. 게임이 불씨가 되어 그에게 역사적 흥미를 불러일으켰기 때문이다. 이처럼 흥미진진한 학습법이 또 어디 있겠는가!

게임에서 역사에 재미를 붙이게 된 녀석은 점점 TV 채널을 이리저리 돌리다가도 다큐멘터리에 채널을 고정하게 되었다. 그리고 그 내용은 〈에이지 오브 엠파이어〉로 알게 된 정보와 곧잘 연결되었다. 귀도 크노프가 제작한 다큐멘터리가 피카츄를 제치고 녀석의 선택을 받았다. 그러다 재미있는 주제를 발견하면 게임을 한 팩 더 사는 대신 역사 전문 잡지나 심지어는 책을 사 보기까지 했다. 어느 순간 이전까지는 거들떠보지도 않던 가능성이 그의 시야에 들어오기 시작했다. 결국 친구는 필수 시험 과목으로 역사를 선택했고 진정한 선순환의 대표 사례가 되었다.

과학을 공부하는 가장 쉬운 방법

혹 당신은 화학과 물리 과목에서 한번 참패를 맛본 다음부터 학창 시절 내내 자연과학의 공식을 외면하고 살진 않았는가. 어른이 되어서도 전자레인지나 냉장고를 그저 사용만 할 뿐, 그 작동원리에 대해 누가 물으면 꿀 먹은 벙어리가 되지 않는가.

당신이 이런 유형이라면 일단 지식을 엮을 만한 적절한 연결고리를 고민하는 것으로 첫 단추를 끼우는 것이 좋다. 예를 들어, 일단 축구에 한번 푹 빠진 사람은 축구에서 알게 된 지식을 바탕으로 관심사를 다양하게 펼치기가 쉽다. 천문학, 기상학, 범죄과학 등 축구와는 무관해 보이지만 결국 같은 물리적 토대 위에 있는 주제들로 관심이 뻗어나가는 것이다.

축구 팬이라면 누구나 1997년 6월 브라질의 국가대표 선수인 호베르투 카를루스가 프랑스를 상대로 넣은 전설적인 프리킥을 알 것이다. 축구 역사상 지금까지도 가장 화려하고 아름다운 골로 남아 있다. 이 민첩한 수비수는 35*m* 떨어진 곳에서 왼발 바깥으로 힘차게 공을 찼고 그 공이 여러 번을 꺾어 회전하며 네트에 꽂히는 것을 골키퍼인 파비안 바르테즈는 속수무책으로 바라볼 수밖에 없었다. 처음에는 공이 프랑스의 방어벽을 지나 코너 깃발에 꽂힐 것처럼 보였지만 공중에서 방향을 바꿔 곧장 골문으로 돌진했다. 이 예술적 기술을 흉내 내려면 테크닉과 힘과 운이 모두 따라야 한다. 하지만 물리적, 수학적 지식만 있으면 어느 정도 이해할 수 있다. 이러한 커브는 무엇보다 '마그누스 효과Magnus Effect' 덕분이다.

19세기 독일의 물리학자 하인리히 구스타프 마그누스가 발견한 효과로 유체역학의 현상에 대한 최초의 과학적 설명이었다. 간단히 말하자면, 원통이나 구, 혹은 축구공과 같은 회전하는 둥근 몸체는 흐름과 속도에 따라 전단력(물체 안의 어떤 면의 크기가 같고 그 면을 따라 반대 방향으로 평행하게 작용하는 힘)을 받는다. 이것은 둥근 몸체가 공기의 변화에 따라 이리저리 표류하게 되는 원인이 된다. 전단력을 이해하면 바나나 옆구리가 왜 휘었는지에 관한 궁금증에도 충분한 대답을 얻을 수 있다. (바나나는 송이에 매달린 채 중력의 힘을 받는다. 하지만 식물의 본성상 위, 즉 햇빛을 향하게 되는데, 이때 작용하는 힘을 전단력이라 생각할 수 있다.)

노련한 커브볼을 많이 본 야구팬들은 어렴풋이나마 이 효과를 이해할 것이며, 탁구나 테니스를 즐기는 사람은 슬라이스와 탑스핀을 구사할 때 이 힘을 활용할 것이다. 말하자면, 구기 종목을 통해 역학과 열역학의 일부를 공부할 수 있다. 까다로운 과목을 가르치는 교사들이 학생들의 흥미를 자극하는 데 적절한 방법이기도 하다. 그러니 선생님들, 항상 지루한 문제만 내라는 법은 없습니다!

축구만큼이나 범죄 과학도 많은 이들을 화학과 물리의 세계로 인도하는 관문 역할을 톡톡히 한다. 〈포렌식 파일즈–법의학의 비밀〉은 독일 TV에서 가장 자주 방영되는 프로그램으로 꼽힌다. 미국에서 제작된 범죄 다큐멘터리 시리즈인데 주로 오락 프로그램을 방영하는 독일의 케이블 채널인 폭스에서 2019년 한 해 동안 무려 2,232회나 방영됐다. 이 시리즈가 폭스의 야간 편성을 채운다고 해도 과언이 아니다. 그런데 흥미롭게도 연속으로 방영하던 에피소드가 두 자릿수 시청률을 기록하는 일이 종종 있다. 케이블 채널에 두 자릿수는 꿈의 시청률이다. 이 시리즈는 자극적인 사례를 영리하게 선택한 덕분에 성공한 것으로 보인다.

방송을 보는 동안 시청자들은 병적이고 사악한 소재에 마음을 뺏긴다. 시청자의 그런 성향 덕분에 수사물이 드라마 산업의 한 축으로 성장할 수 있었다. 사람은 죽기 마련이다, 특히 TV에서는. 그리고 가해자의 유죄를 증명하기 위해 법의학자들은 탄환의 비행 곡선을 통해 격발을 설명하고, 중합 효소 연쇄 반응 분석으로 DNA를 규명하고, 방향성 탄소 화합물인 페놀프탈레인을 사용하여 혈흔을 증명한다.

시리즈의 애청자라면 'PCR'과 '페놀프탈레인'이란 단어가 마르크 베네케 박사의 음성으로 더빙되어 들릴 것이다. 법의학자로 곤충학 전문가인 베네케 박사는 명실상부 독일 과학 수사계의 스타다. 법의 곤충학이란 시신 내부에서 찾아낸 곤충들을 통해 사망 시각을 추정하는 수사 기법이다. 범죄 수사물을 열심히 보면 동물의 세계로도 관심 영역을 넓혀갈 수 있다는 뜻이다!

특별한 식사

이렇듯 서로 다른 분야를 연결하면 지식을 쉽게 확장할 수 있다. 그렇다면 제일 좋은 연결 방법은 무엇일까? 일단 특수한 분야끼리는 연결이 힘들다. 그럴 땐 뻗어나간 관심사

중에서 겹치는 부분을 찾아 접근하는 게 좋다. 내 주변에서 이 문제를 해결한 흥미로운 사례가 있어 소개할까 한다.

내가 아는 한 부부는 각자의 관심사가 요리와 스포츠로 단순하게는 누가 봐도 달랐다. 그런데 매우 유쾌한 방식으로 접점을 찾았다. 월드컵 기간에 출전국의 전통 음식을 먹으며 저녁 경기를 보기로 한 것이다. 둘은 2018년 월드컵에서 이란 대 스페인, 페루 대 덴마크, 나이지리아 대 아르헨티나, 대한민국 대 멕시코 경기를 함께 봤다. 개중엔 최고의 기량을 기대할 수 없는 팀도 있었다.

하지만 미각적으로는 충분히 큰 기쁨을 기대할 수 있었다. 경기에 앞서 부부는 둘 중 한 나라의 전통 음식을 정했고, 정확하게 킥오프에 맞춰 그 음식을 식탁에 올렸다. 축구 경기를 말 그대로 그들의 '구미에 맞게' 각색한 셈이다. 테이블에서 그들이 경험한 소박한 해외여행은 정말 즐거웠다고 한다.

식사 준비를 하느라 이란 요리책을 펼쳐본 친구는 삽입된 그림에 노란색이 압도적으로 많다는 사실을 알게 되었다. 특히 이란의 국민 요리인 첼로 케밥을 제대로 준비하려면 페르시아 지방에서 많이 사용하는 아름다운 향신료인 샤프란 한 꼬집이 필요했다. 월드컵 예선 1차전을 치르자 세계에서 가장 비싼 이 향신료의 90%가 어디에서 만들어지는지가 명백해졌다. 이란은 1년에 샤프란을 1억 1,000만 톤이나 생산한다. 나이지리아 요리는 독일식 고기파이인 파스테테와 흡사했다. 페스트리 안에 동부콩과 야채가 들어간 것이 다를 뿐이었다. 친구 부부는 아프리카에서 인구가 가장 많은 나라에서도 고향 음식을 먹을 수 있겠다며 즐거워했다.

아르헨티나의 피자인 푸가세타를 우적우적 씹으면서는 남미 요리가 이탈리아로부터 많은 영향을 받았으리라 확신했다. 그래서 아르헨티나 인구의 절반 이상이 이탈리아 조상의 후손이라는 사실을 추후에 알고서도 크게 놀라지 않았다. (19세기 중반부터 20세기 초반까지 100만 명가량의 이탈리아인들이 새로운 삶을 찾아 대양의 반대편 나라로 과감하게 건너갔다.) 그들은 자기 집에 앉아 스포츠 중계를 보며 식사를 했을 뿐인데도 미각적 즐거움과 지적 쾌락을 동시에 얻을 수 있었다.

축구의 경제

축구가 아무리 대중 스포츠라지만 나는 아무런 흥미를 느끼지 못한다. 만약 내 곁의 사람이 축구라는 주제를 고수

할 경우, 나는 그저 경기보단 광고를 보면서 지적 쾌락을 느낄 뿐이다. 축구와 단박에 연결되는 또 하나의 주제가 경제이기 때문이다.

유니폼과 경기장은 축구팀이 수익을 올리기에 아주 좋은 광고 수단이다. 월드컵 경기에선 비보란 브랜드를 자주 본다. 세계 최대의 스마트폰 생산 업체다. 아직은 독일 내 시장 점유율이 미미하지만 성장세가 뚜렷하다. 유럽축구연맹 리그에서 국가 간 경기가 열릴 때는 아제르바이잔의 국영기업인 소카르가 자주 등장한다. 정치와 경제 뉴스를 보지 않고 축구만 봐도 캅카스 지역에 있는 카스피해 연안국엔 화석 연료가 풍부하다는 사실을 알게 된다. 아제르바이잔에서 이 '검은 금'의 시추가 산업화한 것은 19세기 중반이었다. 그 과정에서 한몫 챙긴 사람 중에선 알프레드 노벨과 그 형제들도 있다.

UEFA 경기 광고엔 알리페이도 등장한다. 세계 최대 기업 중 하나인 알리바바의 온라인 결제 시스템이다. 이 유통 대기업은 중국의 전통적인 쇼핑데이인 2019년 11월 11일 하루에 400억 달러어치를 팔아치운다. 독일에선 그날이 성자 마틴을 기리는 날이지만 중국에선 날짜에 1이 많이 들어간 이 날을 '싱글들을 위한 날'로 기념한다.

독일 분데스리가에도 흥미로운 구석이 많다. 2017/18 시즌부터는 1부와 2부 리그 선수들도 경기 때 소매에 광고를 넣은 유니폼을 입는다. 축구팬들은 FC 바이에른 뮌헨의 경기를 보는 동시에 하마드 국제공항이란 이름을 알게 된다. 카타르의 수도인 도하에 있는 거대한 공항이다. 2019년에는 4,000만 명에 가까운 승객이 이 공항에 착륙했으며 2022년경에는 업계 최고가 될 것으로 보인다. 보루시아 묀헨글라트바흐 유니폼에는 독일어권 최대 호텔 검색 사이트인 하-호텔스 마크가 붙었다.

그 밖에도 몇몇 경기장 이름에 성공한 기업의 이름이 붙어 있다. 대부분 그 지역 연고 기업이다. 기계 제조사인 포히트는 하이덴하임, 건설 회사인 슈코는 빌레펠트, 2015년부터 닥스DAX 지수에 포함된 부동산 회사 포노피아는 보훔의 축구 경기장에 회사 상호를 붙였다. 때론 이런 식의 작명이 별난 이름을 낳기도 한다. 독일 서부 도시 뒤스부르크의 스타디움은 여행사 이름을 따 샤우인스란트-라이젠-아레나가 되었고, 지금은 아니지만 독일 남부 도시 퓌르트의 트롤리 아레나는 독일 장난감 회사인 플레이모빌의 이름을 붙여 플레이모빌-스타디움으로 불린 적이 있다.

Q&A

Q11 1959년에 미합중국에 편입된 연방주로 샌드위치 백작을 기리는 의미로 처음엔 '샌드위치 아일랜드'라고 불렸던 섬은 어디인가?

Q12 이제 더는 종점부터 종점까지 전 구간을 관통할 수는 없게 된 이 도로는 캘리포니아의 산타 모니카에서 출발해 '이 도시'에서 끝이 난다. 현대식 고층빌딩의 발상지로 여겨지는 '이 도시'는?

Q13 아틀라스Atlas는 세계지도를 뜻하기도 하지만 산맥의 이름이기도 하다. 아틀라스산맥이 북쪽에 우뚝 서 있는 대륙은 어디인가?

Q14 위에서 단백질을 분해하는 역할을 하는 소화 효소에서 이름을 따온 탄산음료는?

Q15 독일어로 숫자를 뜻하는 '치퍼Ziffer'는 아랍어로 어떤 숫자를 뜻하는 '아스-시프르as-sifr'에서 왔다. 어떤 수라도 이 수로 제곱을 하면 값은 1이 된다. 어떤 수인가?

Q16 토론토에서 열린 레슬마니아 18회 경기에서 헐크 호건은 7만 관중 앞에서 한 영화배우에 패했다. 〈피플 매거진〉이

2006년 '최고의 섹시남'으로 꼽았고 인스타그램 팔로워가 2억 9,100만 명에 달하는 이 유명 배우는 누구인가?

Q17 행동경제학에서 소비자들이 조립형 제품을 구매해 직접 조립함으로써 완제품을 사는 것보다 더 높은 만족감을 얻게 되는 효과를 무엇이라고 부르는가?

Q18 에스파냐, 베네치아, 로마 교황의 기독교 연합 함대가 오스만 제국의 함대에 맞선 레판토 해전에서 세 발의 총상을 입고 왼손이 불구가 되어 '레판토의 외팔이'란 별명을 얻게 된 스페인의 대표 작가는 누구인가?

A11 하와이. 1959년 미합중국의 50번째 주가 된 이 섬의 공식 별명은 '알로하'다. 하와이의 마우나케아 산은 수면 아래로 감춰진 부분까지 합치면 총 높이가 1만 203*m*로 세계에서 가장 높은 산이 된다.

A12 시카고. 일리노이주에서 가장 큰 도시인 시카고에는 1885년 세계 최초의 고층빌딩, 홈 인슈어런스 빌딩(42*m*)이 세워졌다. 대화재로 도시의 일부가 잿더미가 된 지 14년 만이었다.

A13 아프리카. 2,300*km* 이상 뻗은 이 산맥은 튀니지와 알제리, 모로코 일대에 걸쳐 있다. 가장 높은 봉우리는 4,167*m*의 지

벨 투브칼로 모로코에 있다.

A14 펩시. 펩신은 위에서 형성되는 소화효소로 단백질 분해를 담당한다. 소화를 뜻하는 그리스어 펩시스pepsis에서 유래한 이름이다. 독일에선 소화를 돕는 술인 '펩신 와인'을 마시기도 한다.

A15 0. 역사적으로 0이란 숫자가 필기 된 가장 오래된 흔적은 기원전 3~4세기에 인도에서 작성된 바크샬리 사본이다.

A16 드웨인 존슨(The Rock). 브래드 피트, 조지 클루니, 조니 뎁, 리차드 기어는 각각 두 번씩 '최고의 섹시남'에 선정된 적이 있다.

A17 이케아 효과. 회사의 본부는 네덜란드 델프트에 있다. IKEA는 창립자인 잉그바르 캄프라드Ingvar Kamprad와 그 부모님의 농장인 엘름타리드Elmtaryd, 그리고 농장이 있던 동네인 아군나리드Agunnaryd의 첫 자를 합쳐 만들어진 이름이다.

A18 미겔 데 세르반테스. 〈돈키호테〉의 작가 이름을 딴 스페인어권 최고의 문학상은 옥타비오 파츠, 호르헤 루이스 보르헤스, 마리오 바르가스 요사 등 최고의 문학가들에게 수여되었다. 10센트, 20센트, 50센트짜리 스페인 동전에도 모두 이 시인이 새겨져 있다.

④ 학습 매체의 다양화

투자할 때 최우선으로 지켜야 할 원칙은 다양성이다. 전문 투자가들은 손실 위험을 최소화하기 위해 달걀을 한 바구니에 담지 않는다. 금, 주식, 채권, 부동산 등 다양한 종목에 분산해 투자한다. 지식도 여러 면에서 현물과 다름없이 다루어야 하는 자산이다.

성공적 학습을 위해서도 미디어의 다양한 매체 간 결합이 중요하다. 매일 아침 유력 일간지인 〈프랑크푸르터 알게마이네 차이퉁〉을 읽던 사람들이 정치적 신념과는 어긋남에도 불구하고, 아니 어긋나기 때문에 가끔이라도 〈타게스

차이퉁〉 같은 좌파 성향 신문으로 눈길을 돌린다면 그들의 시야는 물론 지식의 기반도 넓어질 것이다. 그 반대도 마찬가지다. 사안이 같더라도 편집국이 무엇을 중요시하는가에 따라 보도 방향은 달라진다. 독자의 잠재적 기대를 충족시키는 동시에 언론사의 이해관계를 관철시키는 방향으로 선택된 결과물이 기사다.

그래서 나는 적어도 일주일에 한 번은 종이 신문을 사서 약속 장소로 가는 차 안에서 읽는다. 그러나 같은 신문이나 잡지를 한 달에 두 번 이상 사진 않는다. 가판대에서 지키는 나만의 규칙이다. 종이 신문을 보지 않는 사람이라면 당연히 디지털 판형에 같은 원칙을 적용하면 된다.

중요한 것은 접하는 미디어의 목록을 다양화하는 것이다. 정기적으로 그 내용을 참조하여 서로 다른 출처에서 정보를 검색하려 노력해야 한다. 그리하여 하나의 내용을 두고 다양한 관점으로 보는 연습이 필요하다. 기회가 될 때마다 정보의 출처를 늘리고 다양한 분야에 관심을 돌리라. 단, 온라인상에서는 에코 챔버에 갇혀 제한된 정보만 공급받을 수 있음에 유의하자.

미디어의 종류 자체도 다양성을 기하는 것이 중요하다. 당신이 아무리 빨리, 그리고 많이 읽는 독자라 하더라도, 그래서 책 한 권을 처음부터 끝까지 앉은자리에서 읽어치운대도, 분명 놓치는 내용이 있을 것이다. 표현하는 방식이 엇비슷할 때는 각각의 정보를 기억하기가 어렵기 때문이다. 의식적으로 다양한 채널을 활용하고 그 내용을 일상에서 통합하면 이 문제는 간단하게 극복된다.

청각적 자극에 시각 한 스푼

자극의 종류를 바꿈으로써 채널을 다양화시킬 수도 있다. 내가 매일 라디오를 듣는 이유라 할 수 있겠다. 나는 읽는 것 외의 방식으로 뉴스와 정보를 접하고 싶어서 라디오를 듣는다.

듣기와 읽기의 단순한 차이를 무시해선 안 된다. 청각을 통해 들어온 정보를 처리할 때는 뇌의 다른 영역이 관여한다. 한 번 읽은 정보라도 청각으로 전달되면 전혀 다른 세포가 그 자극을 처리한다. 시각 정보 없이 오로지 목소리로만 전해지는 정보는 전혀 새로운 자극으로 인식된다.

라디오 제작자들은 수년 전부터 그들이 종사하는 산업에 대한 잘못된 소문에 시달려야 했다. 스포티파이[Q19]나 애플, 아마존 뮤직 등이 라디오 산업을 디지털화함에 따라 기존의 라디오는 사라지게 될 것이란 얘기가 끊임없이 흘러나왔다. 그러나 여전히 사람들은 주파수로 송출된 신호를 수신하는 걸 좋아하고 디지털 라디오는 그 대안으로 활용할 뿐이다. 거기엔 일기예보와 교통정보가 한몫한다. 더불어 익숙하고 친근한 진행자의 목소리도 청취자들을 붙잡아두는 요인이다.

기존의 라디오엔 스트리밍 서비스와 비교해도 분명한 장점이 있다. 내가 원해서 틀더라도 내가 고르지 않은 내용을 접하게 된다는 것이다. 이는 넷플릭스 같은 플랫폼에 비해 TV가 갖는 장점이기도 하다. 별 생각 없이 틀어놓고 듣다가 문득 관심이 가는 내용에 귀가 쫑긋해질 수 있다. 이전까지는 내가 관심이 있는 줄도 몰랐던 것을, 어쨌든 듣고 보니 관심이 생길 수 있다. 하지만 때로는 신문물을 접하기 위해 라디오의 장점을 포기해야 할 때도 있다. 최신곡을 듣고 싶을 때는 스트리밍 플랫폼의 특화된 알고리즘 덕을 보고, 뉴스 영역에서 또한 스트리밍 서비스의 기여를 무시할 수 없다.

만약 당신이 청각적 자극에 시각적 자극을 더하길 원한다면 TV를 자주 켤 것을 권한다. 내가 TV에서 활동하기 때문만은 아니다. TV란 매체가 교육에 기여하는 바가 전반적으로 너무 무시되는 것 같아서다. 문학계의 교황이라 불리는 마르셀 라이히라니츠키는 2008년 〈독일 TV상〉에서 공로상 수상자로 지명되었으나 수상을 거부한 것을 비롯해 방송계 전체에 대한 엄청난 분노를 표출한 것으로 유명하다. 분명 그가 '골든 카메라상'을 기꺼이 받았던 8년 전과는 대조적인 태도였다. 만일 당신이 TV를 보지 않는다면 인터넷을 지식 습득의 창구로 활용해도 좋다.

내 경험을 말하자면, 그래도 시각적 자극이 지식을 쌓는 데에 조금 더 중요한 역할을 하는 것 같다. 역사적 사건을 그린 삽화나 통계적 자료를 표현한 그래픽처럼 시각적 자극으로 정보를 보강하면 기억에 엄청난 도움이 된다. 그래서 나는 어떤 인물에 대한 흥미로운 정보를 읽으면 반드시 그의 사진을 검색해보고 스포츠 기록에 대한 정보를 습득하면 그 경기 영상을 찾아본다.

또한 자연과학의 복잡한 현상과 과정을 이해하는 데는 유튜브에 올라온 해설 영상의 도움을 받는다. 캘리포니아에 본부를 둔 이 비디오 포털에는 까다로운 내용을 아주 훌륭하게 해설하면서 심지어는 매우 재미있기까지 한 양질의 채널들이 즐비하다. 교사들이라면 이 플랫폼에서 새로운 기회를 찾을 수도, 수업에 적용할 수도 있을 것이다.

사람은 저마다 배우는 방식이 다르므로 공부를 돕는 방식도 개별화돼야 한다는 것이 어느새 기정사실화되었다. 사람마다 청각, 시각, 촉각 등 자극에 대한 반응의 강도가 다르고 또한 그에 따라 배우는 행태도 달라지기 때문에 학습 유형도 다양하게 나눠진다.

하지만 자기 유형을 파악했다고 해서 꼭 그 방법으로만 배워야 하는 것도 아니다. 요새는 감각에 기반한 학습법을 예전만큼 중요하게 생각하지 않는다. 효과 자체를 의심하는 심리학자들도 많다. 나는 이것 또한 입맛의 문제라고 생각한다. 달달한 과자를 많이 먹고 나면 짭짤한 감자칩 한 봉지가 당기듯이 말이다. 학습에서도 '적당히' 그리고 '다양하게' 하는 것이 정석이다.

정보를 기억하는 또 다른 방법, 혼잣말

정보를 기억하는 나만의 비결을 하나 더 털어놓자면, 바로 혼잣말이다. 나는 종종, 그것도 소리를 내어 혼잣말을 한다. 종종 다른 사람에게 들켜 민망한 상황도 생기지만 그보다는 구체적인 것들을 기억하는 데 도움이 될 때가 더 많다. 언어 또한 조용히 배울 수는 없다. 나는 특히 청각에만 의존하여 대답해야 하는 질문에 약하기 때문에 혼잣말이 꼭 필요하다. 〈퀴즈 추격전〉 결승전에서 문제가 잘 들리지 않아 진땀 난 적이 한두 번이 아니다. 결승전 2분 동안 나는 최대한 많은 문제에 답을 해야 한다. 그런데 질문 내용을 오로지 사회자가 읽어주는 대로, 즉 들어서만 이해해야 한다. 내겐 정말 까다로운 조건이다. 퀴즈쇼에서 결승전까지 출전한 사람이라면 웬만해선 나보다 잘 듣는다.

한번은 내가 정답을 하나만 더 맞히면 아슬아슬하게 승리할 수 있었다. 시계를 보니 남은 시간은 7초뿐이었지만 승부를 가름할 점수를 내기엔 충분했다. "쿠빌라이 칸의 할아버지 이름은 무엇인가?" 정답은 몽골제국의 초대 왕인 칭기즈칸이었다.Q20 나는 몽골제국과 중앙아시아 역사에 대한 책을 여러 권 읽었다. 그런데 짧은 시간 안에 문제를 제대로 파악하지 못해 사달이 났다.

일단은 역사 문제에서 '조부Großvater'라는 단어 대신 '할아버지Opa'라는 단어를 사용한 것이 어색하게 느껴졌다. 그래서 혹시 '오페라Oper'를 말하는 건가 싶어서 머뭇댔다. 다른 한편으론 '쿠빌라이 칸'이 곧장 떠오르질 않았다. 나폴레옹과 한니발, 프리드리히 대제와는 달리 칭기즈칸의 손자 이름은 들어본 적이 없었다. 역사 다큐멘터리에도 자주 등장하지 않는 이름이다. 문자로 습득된 지식은 듣고 말하는 테스트에서 활용도가 떨어졌다.

시간이 촉박한 탓에 비슷한 단어 두 개를 혼동하는 실수를 저지른 적도 있다. "룰렛 게임을 할 때 쓰는 토큰을 뭐라고 부를까요?" "크루통Croutons!" **Q21**

제통Jetons이라고 외친다는 게 엉뚱한 말이 튀어나왔다. 퀴즈쇼가 끝난 다음 나는 크루통으로 룰렛 게임을 해봤다. 일종의 자기 희화화였다. 결과는? 되긴 되더라. 하지만 배가 고프면 토큰을 주워 먹게 되므로 가급적 삼가는 게 좋다. 제통으로 샐러드를 만드는 건 나보다 더 창의적인 요리사의 몫으로 남겨두련다.

Q&A

Q19 스포티파이에서 가장 많이 스트리밍된 곡은 조회 수 25억 건을 돌파한 〈쉐이프 오브 유Shape of You〉다. 세 번째 스튜디오 앨범을 통해 이 노래를 발표했고 TV 시리즈 〈왕좌의 게임〉 시즌7에 카메오로 출연하기도 한 이 영국 가수는 누구인가?

Q20 1956년 영화 〈정복자〉에서 칭기즈칸 역을 맡아 기괴한 캐스팅이란 평가를 받은, 서부극 장르의 전설적 배우는 누구인가?

Q21 로메인 상추와 파르메산, 드레싱, 그리고 튀긴 빵조각인 크루통이 반드시 들어가며, 레시피 개발자인 칼디니에게서 이름을 따온 샐러드의 이름은?

A19 에드 시런. 이 영국 가수가 지금까지 발표한 네 장의 앨범 중 세 장은 연산기호를 타이틀로 한다. 2011년 앨범은 더하기(+), 2014년 앨범은 곱하기(×), 2017년 앨범은 나누기(÷), 2021년 앨범은 이퀄(=)로 이제 빼기(-)만 남았다.

A20 존 웨인. 서부영화의 단골 주연으로 1907년 아이오와에서 출생했다. 본명은 매리언 로버트 모리슨. 1969년 〈진정한 용기〉에서 명연기를 보여 아카데미 남우주연상을 받았다.

A21 시저 샐러드. 지금이야 인기 좋은 샐러드지만 당시엔 궁여지책이었다. 1924년 7월 4일 미국 독립기념일을 맞아 시저 칼디니의 레스토랑에 손님이 한꺼번에 밀려들어 샐러드 재료가 부족해지자 주방에 남은 재료를 모아 즉흥적으로 만들어낸 것이 바로 시저샐러드다. (그의 딸이 설명한 바에 따르자면 그렇다.)

⑤ 그림으로 표현하기

〈깃발 놀이〉는 미국의 인기 시트콤 〈빅뱅 이론〉에서 괴짜 천재 쉘든 쿠퍼 박사가 만든 가상의 온라인 방송이다. 쉘든은 이 방송을 통해 깃발을 연구하는 학문인 기학Vexillology과 관련된 정보를 전달한다. 나는 국기에 해박한 사람들을 많이 알고 있다. 하지만 쿠퍼 박사가 온라인 방송에서 전달하는 지식은 일반적인 기학과는 거리가 멀다.

일상에서 우리는 끊임없이 깃발과 마주친다. 무엇보다 운동경기와 관련된 곳에서 많이 보인다. 월드컵 조별 예선전, 올림픽 개막식 그리고 테니스 세계랭킹을 정리한 표에서도 깃발은 나부낀다.

만약 내가 미합중국의 국기에는 별이 몇 개 있냐고 묻는다면 많은 사람이 주저 없이 답할 것이다. 미국 국기의 별은 앨라배마부터 와이오밍까지, 미국을 구성하는 쉰 개 주를 표현한 것이므로 쉰 개라고. 또한 유럽연합의 깃발엔 별이 열두 개라는 것도 많은 사람이 알 것이다. 하지만 중국 국기에 별이 몇 개인지도 아는가? 오스트레일리아 국기의 별은?

마지막 두 질문까지 정확하게 답하는 사람의 수는 분명 적을 것이다. 물론 미국과 유럽연합의 깃발이 훨씬 더 눈에 잘 들어오고 여러 가지 이유에서 다른 국기보다 친숙하게 느껴진다고 반론할 수도 있다. 물론 틀린 말은 아니다.

하지만 빨간 바탕에 다섯 개의 샛노란 별이 그려진 중국 국기와 파란 바탕에 여섯 개의 하얀 별이 그려진 호주 국기는 전 세계 국기 중 눈에 잘 띄는 축에 속한다. 그러므로 눈여겨보기만 했다면 별의 개수를 기억하는 것쯤은 큰 문제가 되지 않을 것이다. 국기와 관련한 간단한 문제를 더 내겠다.

유럽 국가 중 국기에 다음과 같은 그림이 그려진 국가는?

a) 천문학적 항법 장치인 혼천의

b) 해당 국가에서 가장 높은 산의 삼중 봉우리

c) 회색 기둥 두 개를 감싼 현수막 위에 쓰인 'Plus Ultra'

d) 배에 흰 점이 있는 검은담비와 붉은 뿔을 한 황금 염소

만약 위 문제에 답할 수 있다면, 대박! 지금 당장 퀴즈 챔피언십에 등록해야 한다. 혹 모른다 해도 안심하시길. 이건 고난도 퀴즈다. 질문의 정보를 국가에 관한 정보와 하나씩 연결하다 보면 정답에 다가갈 수 있다. 예컨대, 국기에 항법 장치를 넣었다면 항해의 나라일 것이고, 산이 중요한 나라라면 해안과는 멀리 떨어져 있을 가능성이 크다.

국기를 시각적 이미지로만 기억할 때는 세세한 요소까지 충분히 재현해내기 어려운 법이다. 이미 말했다시피 인간에겐 사진을 찍듯 이미지를 기억하는 능력이란 게 없다. 훈련한다고 되지 않는다. 그러니 우리가 할 수 있는 선택은 단 하나, 시각적 인상을 언어로 변환해 기억하는 것이다. 국기에서 발견한 것을 간단한 문장, 혹은 단어로 불러보는 것이다.

문제의 정답은 '스페인'이다. 지문처럼 국기의 이미지를 '천문학적 항법 장치'라는 언어로 변환하면 이다음에 곧장 스페인 국기와 연결 지을 수 있다. 노랑과 빨강이 교차하는 바탕 위에 현수막을 두른 채 우뚝 솟은 두 개의 기둥은 지브롤터 해협과 인접한 두 개의 바위산인 '헤라클레스의 기둥'을 상징한다.

그리스의 시인 핀다르에 따르면, 제우스와 알크메네의 아들인 헤라클레스는 "세계의 끝을 표시하겠노라"며 이베리아반도의 끄트머리에 더 나아갈 수 없다는 뜻의 '논 플루스 울트라Non Plus Ultra'가 적힌 현수막을 걸었다. 그러나 아메리카를 발견한 카를 5세가 더 나아간다는 뜻의 '플루스 울트라Plus Ultra'로 현수막을 고치고 스페인의 문장에도 같은 글귀를 적어 넣었다고 한다.

이미지는 보지 말고 읽을 것

베를린, 함부르크, 뮌헨, 쾰른, 프랑크푸르트, 슈투트가르트, 하노버, 드레스덴, 키일. 이는 독일 TV 방송에서 가장 인기 있는 프로그램인 일기 예보에서 지도 위에 표시되는 열 개 도시 중 아홉 개다. 자, 한 도시가 빠졌다. 어떤 도시가 빠졌는지 알아보겠는가? 메클렌부르크 포어포메른주 출신들 중에서도 발트해 연안에 사는 사람들만 정확하게 답할지도 모르겠다.

정답은 바로 한자동맹 도시인 '로스토크'다. 일기 예보를 보는 사람들은 자기 지역 소식에만 귀를 기울이기 마련이다. 몇 백 *km*나 떨어진 도시에 비가 오든 말든 나와 무슨 상관이란 말인가. 하지만 다른 이유도 있다.

지도를 읽지 않기 때문이다. 일기 예보 시청자들은 지도 위의 정보를 뻔히 보면서도 기억하진 않는다. 시각 정보는 눈에 보이기 때문에 더 이상 변환할 필요가 없다고 생각하기 쉽다. 하지만 기억하기 위해선 인식하고 흡수하려는 의식적 노력이 뒤따라야 한다.

그럴 때 '마인드맵'은 시각 자극을 의식적 기억하는 데 탁월한 방법이다. 영국인 토니 부잔이 개발한 간단한 인지 테크닉으로 설명하기도 쉽다. 공부한 내용 중 중요한 연결점을 시각적으로 구현하면 된다. 종이 한 장에 단어를 적고 그것들끼리 연결한 다음, 각 지점에 적합한 설명이나 흥미로운 특징을 첨부한다. 추가로 다양한 색깔로 강조를 표시할 수도 있다. 피카소에 빙의될 필요는 없지만 중간중간 텍스트를 대신할 만한 간단한 그림을 그리는 것도 좋은 방법이다. 일단 해보면 실력은 는다!

⑥ 기묘한 연결

퀴즈계 동료인 폴 싱하는 연결의 대가다. 코미디언인 그는 눈에 확 띄는 흰색 정장을 입고 '시너맨Sinnerman'이란 별명으로 몇 년 전부터 영국 퀴즈쇼 〈추격〉에 출연 중이다. 광범위한 지식을 유쾌하게 과시하는 게 그만의 매력이다. 그뿐 아니라 2019년에는 퀴즈 최강국인 영국에서 전국 대회를 제패하며 우월한 능력을 증명했다.

이러한 성공이 가능했던 바탕에는 무엇보다 비슷한 사실관계와 개념을 서로 잘 연결하는 특기가 있었다. 하물며 내용상으로는 어울리지 않는 것도 어쨌든 연결한다. 일단 연결해놓으면 기억하기 수월하다. 연결 지점을 변화무쌍하게 확장하는 과정에서 새롭고 흥미로운 정보들을 계속 접할 수도 있다. 사소하지만 동시에 굉장히 과감한 그만의 연결 방식은 이런 식이다.

> **일렉트로닉 음악의 선구자로 꼽히는 독일 밴드 이름에 포함된 오렌지색 과일, 몸체는 원뿔형이나 꼭대기는 평편하고 검거나 금색의 술이 달린 붉은색 펠트 모자, 1942년 세 개 부문에서 아카데미상을 수상한 고전 영화. 이 셋과 동시에 연결된 단어는 무엇일까?**

답은 모로코다. 과일은 탕헤르, 모자는 페즈, 영화는 〈카사블랑카〉. 이 셋은 북아프리카 모로코 왕국에서 인구가 가장 많은 3대 도시의 이름이기도 하다.

> **프란츠 카프카의 출생지, 오스트리아의 아홉 개 주 중 하나인 오버외스터라이히의 중심 도시, 태양계에서 가장 큰 행성. 이 셋의 공통점은?**

모두 모차르트의 교향곡에 붙은 별명으로 답은 순서대로 프라하, 린츠 그리고 목성이다. 교향곡 38번, 36번, 41번을 별명으로 외우면 기억하기도 쉽고 구분하기도 수월하다.

> **그리스 신화 속 영웅시에 등장하는 역사의 뮤즈, 사하라에서 지중해 방향으로 부는 뜨거운 사막풍, 이란 남부에서 터키어를 쓰는 유목민. 이 셋의 공통점은?**

각각 르노의 클리오, 폭스바겐의 시로코, 닛산의 캐시카이로, 답은 독일에서 인기 있는 자동차 모델명이다. 독일 도로에서 흔히 볼 수 있는 이름이다. 직접 타는 사람도 있을 것이다. 진정한 '길 위의 지식'이다.

바나나를 찾아서

폴 싱하는 한 가지 주제를 잡고 그것이 속한 분야를 계속 따라가는 방법으로 지식을 쌓는 훈련을 한다. 그러다 보면 바나나와 정치처럼, 언뜻 보기에는 아무 관련이 없어 보이는 두 가지 주제를 결합할 수도 있다. 당신도 한번 바나나와 정치 간의 흥미로운 교차점을 찾아보길 바란다. 내용상 겹쳐지는 부분도 좋고, 언어적 접점도 괜찮다.

혹시 캐이넌 바나나란 인물을 찾아냈는가? 그는 짐바브

웨의 초대 대통령이다. 당신은 이름을 발견하고 잠시 키득댔을지 모른다. 하지만 1982년에 짐바브웨에 살았다면 위험한 행동이다. 당시였다면 이름에 대한 모욕을 금지하는 법에 따라 처벌될 수도 있었다. 캐이넌 바나나는 1987년 장기 집권자이자 독재자였던 로버트 무가베 대통령에 의해 축출되었다. 그가 1990년대 말, 동성애자란 이유로 체포되어 10년 형을 받았다는 얘기를 들으면 입가에 웃음기가 사라질지 모르겠다. 그에게 성관계를 강요받은 경호원이 그 사실로 자기를 조롱한 동료를 총으로 쏘면서 뒤늦게 알려진 사실이다.

다른 누군가는 미국과 유럽연합 간의 무역 갈등을 뜻하는 '미국-EU 바나나 분쟁'에 대해 알게 될 수도 있다. 1993년 유럽연합은 바나나 시장 관리 규정을 제정했다. 유럽과 과거 식민지국의 농장주들이 남미에서 바나나를 재배하는 치키타Chiquita나 돌Dole 같은 미국 기업과의 경쟁에서 유리한 입지를 점할 수 있도록 관세를 조정하는 규정이었다. 미국과 몇몇 남미 국가들은 반발하며 세계무역기구에 소송을 제기했다. 몇 년간 엄청난 외교적 대치가 벌어진 끝에 양측이 모두 수용할 수 있는 합의점을 찾으면서 마침내 바나나 전쟁은 종전을 맞았다.

바나나 전쟁은 또한 20세기 초 쿠바, 멕시코, 아이티, 온두라스, 파나마, 도미니카 공화국 등의 남미 국가에서 미국이 자국의 경제적, 정치적 이익을 보호하기 위해 벌인 군사 작전과 점령을 일컫는 단어다. 유나이티드 프루트 컴퍼니를 비롯한 미국의 막강한 대기업들이 남미에서 농산물을, 그중에서도 바나나를 재배하면서 어느새 바나나가 남미 국가의 상징이 되었다. 남미 국가를 멸시하여 부르는 '바나나 공화국'이란 단어도 비슷한 맥락에서 비롯되었다.

노란 외투를 입은 이 과일을 문학과 연결하면 일본의 유명 작가 요시모토 바나나를 만나게 된다. 음악으로 연결하면 록 밴드 벨벳 언더그라운드의 데뷔 앨범이 떠오른다. 앤디 워홀이 제작한 그 앨범의 커버에는 바나나가 그려져 있었다.

미술에선 이탈리아의 예술가 마우리치오 카텔란과 연결된다. 그는 예술품 박람회인 '아트 바젤 마이애미 비치'의 전시장 한쪽 벽에 바나나 하나를 접착 테이프로 붙였다. 그것은 무려 12만 달러에 팔린 예술 작품이었다. 하지만 얼마 후 행위 예술가인 데이비드 다투나가 그 바나나를 떼어 껍질을 벗긴 후 먹어버렸다. 이 또한 '배고픈 예술가'란 제목의

퍼포먼스였다. 전시회 측은 새 바나나를 다시 벽에 붙였다. '아이디어'로 존재하는 작품이었으므로 바나나는 얼마든지 대체될 수 있었다.

7 줄줄 외는 사람에 대한 그릇된 믿음

많은 사람이 내가 1974년 노벨 화학상 수상자와 1991년 세계 마라톤 선수권 대회 우승자와 1987년 아카데미 남녀 조연상 수상자의 이름을 줄줄 외고 있으리라 기대한다. 퀴즈 연습은 이 세상에 많고 많은 우승자와 수상자의 이름을 암기하는 것이 핵심이라고 생각한다. 그리고 그런 정보를 기억에서 소환하는 데 문제가 없어서 퀴즈 대회에서 두각을 나타낼 수 있으리라 추측한다. 이 모두가 엄청난 착각이다.

장담하건대, 아무리 퀴즈 챔피언이라도 그런 리스트를 모두 외고 있진 않다. 물론 퀴즈 대결에서 정답을 말하려면 사실관계에 대한 지식이 어느 정도는 필요하다. 하지만 동시에 종합적 사고를 할 수 있는 지적 능력도 필요하다. 단어 테스트를 하듯 단편적인 지식만을 스타카토로 묻는 말을 퀴즈로 내진 않기 때문이다. '1995년 FIFA 올해의 선수'와 '조지 웨아'Q22를 단순히 한 다발로 묶어 암기하는 것은 지속 가능한 방법이 아니거니와 상식을 늘리는 데도 아무런 도움이 되질 않는다. 요행히도 특별한 기억법을 잘 써서 목록 한두 개를 외울 수는 있다. 하지만 〈누가 백만장자가 될 것인가?〉나 〈퀴즈 챔피언〉 같은 독일의 TV 퀴즈쇼에서 기억술사가 주목할 만큼 많은 상금을 탄 사례는 없다.

나는 이 사실에 위로를 받는다. 미련하게 달달 외워대는 학습법은 지루할 뿐 아니라 불필요하다. 그렇게 해선 지식의 올림포스에 이를 수 없다. 막무가내로 외운 지식보다 관심사와 접점이 있는 지식이 우선 습득되는 법이다. 공부해 보겠다고 억지로 집어넣는 학습은 오히려 능률을 떨어뜨리곤 한다. 감동과 즐거움이 없는 정보는 우리 안에 오래 머무르지 않는다. 따라서 정보를 오래 유지할 수 있는 나만의 학습 틀을 만드는 노력이 중요하고 필요하다.

목록의 필요성과 중요성

달달 외우는 학습이 좋지 않다고 해서 목록 외우기 방법을 무작정 공격하자는 건 아니다. 분명 어느 정도는 목록을 만들고 외우는 것은 필요하다. 내가 목록 따위는 거들떠보지도 않는다고 말한다면 그것 또한 거짓말이다. 나 역시 나만의 목록을 만들고 외운다. 퀴즈라는 이름의 경쟁적 게임에서 어떤 정보가 질문으로 나올 것인가를 의식하기 훨씬 전부터 해온 작업이다.

스포츠 팬이 승률이나 타율을 조사하며 몇 시간을 보내는 것과 마찬가지로 지구본에서 제일 큰 호수와 제일 긴 강을 찾아 지적인 여행을 떠나는 여행가도 있다. 특정 기준에 따라 대상을 정렬한 순위 차트[Q23]를 좋아하는 사람도 많다. 순위 속에서 우리는 사물들의 관계와 우위를 판별하고 저마다의 특징을 알아볼 수 있다.

나는 특히 기존 지식에 신선한 바람을 불어넣고 싶을 때 목록을 활용한다. 기본적인 상식조차 안개 자욱한 머릿속에 침몰해 보이지 않을 때가 있으니 귀찮아도 정기적으로 해야 하는 일이다.

몇 년 전에 나는 퀴즈계의 살아 있는 전설, 케빈 애쉬맨과 인터뷰할 기회가 있었다. 세계 챔피언십을 여러 차례 제패한 그는 시대를 통틀어 우승을 가장 많이 한 퀴즈인으로 꼽힌다. 그런 그도 세계 대회를 앞두고선 전 세계 수도[Q24]를 망라한 목록을 한 번 더 살펴본다고 고백했다. 어안이 벙벙해진 나는 잠시 말을 잃었다. 세계 최정상의 퀴즈인이 내가 초등학교 때 이미 다 외운 기본 목록을 복기하다니! 그건 단지 몇 년에 한 번씩 수도가 바뀌거나 새로 추가되기 때문만은 아니었다.

그의 말을 듣고 자가진단을 해본 나는 침통해졌고, 적어도 수도 문제에선 여덟 살짜리에게 질 수도 있겠다는 결론을 내렸다. 몇몇 섬나라의 수도만 기억이 안 나는 게 아니라 육지의 덩치 큰 나라의 수도도 가물가물했기 때문이다. 당혹스럽긴 했지만 깜짝 놀랄 일은 아니었다. 살면서 '방기'[Q25]란 이름을 들을 일이 얼마나 되겠는가? 세계 챔피언도 이런 지식은 한 조각씩 잊어버린다는 사실이 위로될 뿐이었다.

목록은 정보를 정렬하는 데 도움이 된다. 화학 원소나 국가별 대통령, 월드컵 우승팀, 가장 높은 산, 가장 긴 강 등에 관한 평범한 목록도 있지만, 잘 알려진 주제를 색다른 기준에 따라 정렬해도 흥미로운 목록이 탄생한다. 예컨대, TV 쇼나 음악 밴드를 지정학적 포인트에 맞춰 배열해보면 어떨까? 미국 밴드 중 버밍햄 출신과 로스앤젤레스 출신을 나누어 정리하는 것이다. 혹은 TV쇼가 시카고 지역방송에서 시작됐느냐 아니면 마이애미에서 시작됐느냐로 나누어도 재미있을 것 같다.

당연히 목록에선 새로운 정보를 발견할 수도 있다. 전 세계 공항 목록을 보다 보면 공항에 이름을 제공한 중요하고 흥미로운 인물을 많이 알게 된다. 아시아 대륙 쪽에 붙은 이스탄불 공항에선 세계 최초의 여성 전투기 조종사인 사비하 괴첵과 만나게 된다. 그녀는 터키를 건국한 무스타파 케말 아타튀르크의 수많은 양자녀 중 하나였다.

또한 세계를 바라보는 내 시야를 넓히는 데도 목록이 도움을 준다. 마음먹고 앉아서 노벨상 수상자와 그의 공로를 파고들 때는 잘 보이지 않던 것이 목록을 훑는 중에 눈에 들어오곤 한다. 저명한 매체에서 영화나 책, 음악을 엄선해 쓴 기사를 읽을 때도 미처 파악하지 못했던 특징이 목록에선 보인다.

박물관 나들이

독일 퀴즈 국가대표이자 2011년엔 나와 함께 독일 퀴즈 협회를 창설한 마뉴엘 호비거는 박물관에 갈 때마다 방문

횟수를 체크한다. 연 100회 이상 관람이 그의 목표다. 제아무리 박물관을 좋아해서 연 회원권을 끊은 사람이라 할지라도 일 년에 100번 이상 박물관에 가기란 쉽지 않은 일이다. 줄잡아 일주일에 두 번 이상을 가야 한다.

몇 해 전, 그가 내게 이 얘기를 했을 때 나는 내 문화생활을 돌아보지 않을 수 없었다. 때는 5월 말이었고 세어보니 나는 그때까지 박물관 행사에 36번 참석한 상태였다. 친구의 목표에 나 또한 승부욕이 불타올랐다. 그를 따라잡고 싶은 마음과 더불어 내 관점에 다소 변화가 생겼다. 박물관 관람 같은 행위는 정해진 기간 안에 몇 번을 방문하자는 식의 목표를 설정할 수 있다는 사실을 새삼 깨달은 것이다.

물론 공부 좀 해봤다는 사람 중엔 독일 내 고만고만한 박물관을 다 보는 것보다 루브르 박물관을 한 번 가는 것이 상식 쌓기에 훨씬 유용하다며 반론을 제기할 사람도 있을 테다. 하지만 당신은 지도에서 가본 나라에 'X'를 표시하기 위해 현관만 밟고 오는 식의 여행이 아닌, 박물관이 제공하는 교육의 기회를 활용하는 여행을 우선시했으면 한다. 최대한 많은 전시를 관람하기를 목표로 정하고 거기서 동기를 얻으면 좋겠다.

일정한 체력을 위한 꾸준한 근력 운동을 목표로 삼듯이,

일정한 교양을 위해 꾸준히 스케줄을 짜보고 지켜보길 바란다. 처음이 막막하거나 언젠가 지루한 일상으로 느껴질까 두렵다면 매년 박물관에 가야 할 횟수를 정하는 대신, 2주에 한 번 정도 소풍 삼아 문화생활을 즐기는 것도 좋은 방법이다.

이 자리에서 지난 몇 년간 즐겁게 관람했던 박물관을 소개해볼까 한다. 카셀의 장례 문화 박물관은 죽음과 장례, 애도와 추모라는 주제부터 매력적이었고 관람객들의 예의 바른 태도도 마음에 들었다. 도르트문트의 독일 축구 박물관은 "축구는 우리의 인생, 왕이신 축구가 세상을 다스리지"란 독일 축구팀 응원가 가사처럼 박물관 전체가 '왕이신 축구'에 바치는 한 편의 연애편지 같았다. 그리고 드레스덴에 있는 독일 위생 박물관도 인상적이었다.

이 세 박물관 모두 독일 박물관 중에서 유달리 작은 규모는 아니지만 그렇다고 우선순위에 놓일 법한 곳들도 아니다. 하지만 세 곳 모두 한 번쯤 방문해볼 가치가 있다. 좋았던 박물관이 더 있긴 하지만 그걸 모두 나열하는 것은 흐름에서 너무 벗어나는 일 같다. 다만, 내 경험으로 미루어 보아 독일의 거의 모든 도시가 교육적이고 흥미로운 진주를 하나씩 품고 있다 해도 과언이 아니다.

당신이 알고 싶은 것, 기억하고 싶은 것

같은 접근법을 다른 분야에 적용해볼 수도 있다. 예를 들어, 나는 매년 권위 있는 상을 받은 실용서를 읽는다. 심사위원들의 판단에 항상 동의하진 않는다고 해도 읽어볼 만한 책이 많다. 특히, 나는 라이프치히 도서 박람회에서 상을 받은 실용서와 에세이를 좋아한다. 또한 과학 잡지 〈빌트 데어 비센샤프트〉와 역사 잡지 〈다말스〉에서 매년 선정하는 과학책과 역사책도 대부분 책장에 갖고 있다.

문화·예술 전문 라디오인 〈도이칠란트풍크 쿨투어〉와 TV 방송 〈ZDF〉, 주간지 〈디 차이트〉가 공동으로 매달 발표하는 '베스트 실용서 목록'은 읽을 책을 정할 때 신뢰할 만한 참고 자료다. 개인적으로는 〈슈피겔〉 베스트셀러 목록에서 문학 평론가 데니스 체크가 TV에서 언급한 책을 확인할 때 묘한 쾌감을 느낀다.

순수 문학 애독자들을 위한 창구도 있다. 문학계의 교황이라 불리는 마르셀 라이히-라니츠키의 명작 선집에는 독일 문학사에서 중요하고 뛰어난 작품들이 선별돼 있다. 각종 문학상 또한 적당한 읽을거리를 찾는 데 도움이 된다. 노벨 문학상을 비롯해 영어권 문학을 대상으로 하는 퓰리처상과 부커상, 그리고 다양한 언어권으로 대상을 넓힌 부커 인터내셔널상이 좋은 참고 자료가 될 수 있으며, 독일어권에서는 독일 서적 거래 협회에서 주는 독일 서적상과 게오르그 뷔히너상을 기준으로 삼을 수 있다.

나는 모순되게도 영화를 많이 보지 않는 영화 애호가다. 그저 그런 영화에 시간을 뺏길까 두려워 많은 영화를 섭렵하진 못했다. 그래서 얼마 전부터는 일주일에 한 번씩 칸 영화제에서 황금종려상을 받은 작품을 하나씩 보기로 했다. 그중엔 이미 사전 정보가 많은 영화도 있었다. 하지만 그 어떤 학습도 실습을 대신할 수 없는 법.

지난 10년을 돌아보면 다양한 국적의 감독이 상을 탔다. 태국부터(아피찻퐁 위라세타쿤) 터키를 거쳐(누리 빌게 제일란) 오스트리아(미하엘 하네케)까지, 세계 영화계를 광범위하게 아우르는 영화제다. 지금은 목록에 올려놓은 영화를 거의 다 봐 간다. 신뢰할 만한 참고 자료를 다시 찾아야 한다. 다행히도 영화계에는 전문가가 작성한 쓸 만한 목록이 넘쳐난다.

영국의 저명한 영화 잡지 〈사이트&사운드〉는 10년에

한 번씩 '역대 최고의 영화 100선'을 발표한다. 영국 영화 재단이 발간하는 이 잡지는 800명이 넘는 평론가와 350명이 넘는 영화감독들을 대상으로 역대 최고의 영화에 대한 설문을 진행한 다음, 그 결과를 종합하여 목록을 작성한다. 2012년 발표된 최근 목록에선 50년 만에 처음으로 오손 웰즈의 〈시민 케인〉이 1위 자리에서 밀려났다. 그 자리를 차지한 건 알프레드 히치콕의 스릴러, 〈현기증〉이었다. 감독들의 순위에선 애석하게도 독일엔 잘 알려지지 않은 일본 감독, 오즈 야스지로의 〈동경 이야기〉가 1위를 차지했다.

이런 추천작이 너무 국제적이라 부담스러운 사람은 미국 영화 협회가 선정한 최고작 목록을 참조하면 된다. 거기엔 스티븐 스필버그나 빌리 와일더, 스탠리 큐브릭 등 잘 알려진 거장의 작품이 망라돼 있다. 코미디나 스릴러, 로맨스 등 특정 장르 애호가라면 장르별 리스트를 참조해도 좋다.

Q&A

Q22 19세기 미국에서 해방된 노예들이 아프리카로 넘어가 세웠으며 2018년 조지 웨아를 대통령으로 선출한 나라의 이름은?

Q23 매년 가장 많이 인용되는 세계 부자 순위를 발표하는 미국 잡지는?

Q24 주바Juva는 가장 최근에 유엔에 가입한 '이 국가'의 수도다. 2011년, 분단국가와 달리 국민투표를 통한 자발적인 독립 후 유엔에 가입한 '이 국가'는?

Q25 중앙아프리카 공화국의 수도인 방기Bangui는 콩고에서 시작되어 1,000*km*를 넘게 흐르는 어느 강의 연안에 있다. 방기의 애너그램Anagram, 즉 철자의 조합을 바꾼 이 흥미로운 강의 이름은?

A22 리베리아. 웨아 이전엔 아프리카 최초의 여성 국가 원수이자 노벨 평화상 수상자인 엘렌 존슨 설리프가 대통령이었다. 그녀 조부의 외가가 독일 혈통이다. 서아프리카에 있는 리베리아의 수도는 몬로비아인데 미국 대통령인 제임스 몬로에게서 따온 이름이다.

A23 〈포브스〉. 이 경제 잡지는 발행인 스티브 포브스Steve Forbes에서 이름을 따왔다. 최고의 부자 목록 외에도 '최고 권력자 100명' '최고 권력 여성 100명' '대기업 2000' 등의 순위를 정기적으로 발표한다.

A24 남수단. 수단 공화국으로부터 독립하였다. 살바 키르 마야르디트는 이 나라의 최초의, 그리고 지금까지 유일한 대통령이다. 워싱턴 방문 당시 대통령이었던 조지 W. 부시 대통령이 선물한 검은 카우보이 모자를 트레이드마크처럼 언제나 쓰고 다닌다.

A25 우방기Ubangi. 콩고는 길이 4,374*km*로 아프리카에서 두 번째로 긴 강과 맞닿아 있다. 이 대륙에서 가장 길고 수량이 풍부한 강은 나일강이다.

8 휴식과 색인카드 시스템

2004년 6월, 마침내 나는 세계에서 가장 큰 과학기술 박물관에 첫발을 디뎠다. 뮌헨의 독일 박물관은 학구열에 불타오르는 사람에겐 성지나 다름없다. 전시공간은 자연과학과 기술에 관련된 다양한 세부영역으로 구분된다. 총면적은 7만m^2가 넘고 그 안에 전시된 전시물은 2만 8,000여 개에 달한다.

그런데 그 큰 규모가 내겐 함정이었다. 나는 의욕에 넘친 나머지 그 어떤 것도 놓치지 않으려 다섯 시간 내내 이 방과 저 방을 들쑤시고 다녔다. 시간을 최대한 효율적으로 사용하리라 마음먹었고 가능한 많은 정보를 머릿속에 넣어가려 안달했다. 하지만 결과적으론 생각이 짧았었다. 이튿날 아침, 소시지와 브레첼을 먹던 나는 전날 관람한 전시물 중 머릿속에 남은 정보가 거의 없다는 사실을 깨달았다.

친구들이 침을 튀겨가며 얘기하는 전시물을 나도 분명 보았건만 전혀 기억이 나지 않았다. 필름이 끊길 정도로 파울라너 맥주 Q26를 많이 마시지도 않았는데. 덕분에 경주용 자동차로 세계를 일주하는 랠리가 1908년 뉴욕에서 시작되었으며 베를린 자동차 공장에서 제작된 '프로토스'를 운전한 한스 코펜이 일등으로 파리에 도착해 우승을 차지했다는 이야기를 친구들로부터 한 번 더 들어야 했다. 19세기 중반 바이에른의 발명가인 빌헬름 바우어가 최초의 현대식 잠수함을 건조했다는 사실도 내겐 금시초문이었다.

당시 나는 자신을 너무 과대평가했다. 사실 박물관 투어나 독서 마라톤을 한 뒤 그런 현상을 접한 게 처음도 아니었다. 원칙상 모든 새로운 정보는 이전에 습득한 사실들 위에 겹겹이 쌓인다. 그런데 이상하게도 장기 기억 저장소로 옮겨지는 과정에서 오류가 발생했다. 관련해서 미국의 심리학자 조지 밀러George Miller는 1956년에 이후 매우 자주 인용될 논문 한 편을 발표한 바 있다. 우리가 한꺼번에 기억할 수 있는 용량은 7개 내외로, 이 정해진 단기 기억 용량을 '청크Chunk'라고 부른다는 내용이었다. 이 용량은 유전자에 의해 정해지므로 훈련을 통해 용량의 크기를 늘릴 수는 없다는 게 그의 주장이다. 아, 미리 알아야 했는데! 과유불급은 원칙으로 실재했다.

전력질주 대신 인터벌

그러나 장기적인 관점에서 성공적인 학습을 하려면 휴식이 필수적이다. 스포츠에서 고강도 운동 사이에 휴식을 넣는 인터벌 트레이닝을 중요시하는 것처럼 말이다. 효과적인 학습을 위해선 휴식도 중요하다. 한때 나의 어리석은 생각과는 정반대로, 휴식은 시간 낭비가 아니다. 오히려 정신력을 회복시키는 데 한몫한다는 점에서 휴식은 학습의 연장이다. 휴식해야 능률이 오른다.

학교 수업이 45분 단위인 것도 같은 이유에서다. 45~60분을 집중해서 학습했다면 5~10분가량을 쉬는 것이 효과적이라는 것은 여러 연구를 통해 입증되었다. 60분이 넘어가면 학습능력이 급속도로 감퇴한다. 10분 이상 휴식도 곤란하다. 한 번의 긴 휴식보다는 짧은 휴식을 자주 하는 것이 능률을 회복하는 데 도움이 된다. 긴 휴식을 한 뒤에는 다시 학습 모드로 돌아가기 힘들고 의욕도 줄어든다.

휴식할 때는 학습과는 전혀 다른 활동을 해야 한다. 예컨대 신체를 단련하거나 시간이 많이 안 걸리는 잡일을 하는 게 좋다. 나는 휴식 시간에 쓰레기를 버리거나 우편물을 가지러 가거나 식기세척기에서 그릇을 꺼낸다. 때론 인터넷에서 재미있는 고양이 동영상을 찾아보기도 한다. 책을 읽을 때도 휴식은 중요하다. 그래야 집중력이 떨어져서 내용을 전혀 따라가지 못한 채 그저 페이지만 넘기는 독서를 예방할 수 있다. 나는 손에 잡은 에세이나 잡지 혹은 일간지가 너무 재미있어서 단숨에 끝까지 읽고 싶을 때조차 억지로 휴식을 취한다. 규칙적으로 울리도록 휴대용 알람시계를 설정한 덕에 기억할 여유를 얻는다.

학습에 있어서 휴식 다음으로 중요한 요소는 '주기적 반복'이다. 간격을 두고 반복하는 학습이란 뜻에서 '인터벌 러닝'이라고 부른다. 19세기 독일의 심리학자 헤르만 에빙하우스Hermann Ebbinghaus는 망각곡선Forgetting Curve에 대한 연구를 발표했다. 그의 주장에 따르면 우리는 새로 배운 지식의 50%를 한 시간 안에 잊어버린다.

물론 사전 지식의 정도나 학습 환경, 그날 하루 전체의 학습량 등에 따라 어느 정도 차이는 있다. 에빙하우스는 명확한 연구 결과를 얻기 위해 실험 대상자가 무의미한 철자 조합을 암기하는 방식으로 연구를 진행했다. 그러니 그 결과를 현실 생활에 그대로 대입하는 것은 적당치 않다.

그래도 분명한 것 한 가지는, 오랫동안 기억하고자 하는 정보는 규칙적으로 곱씹어야 한다는 것이다. 한번에 집중적으로 학습을 하는 것보다는 시간을 두고 자주 반복하되 되풀이하는 주기를 점점 넓혀가는 것이 훨씬 효과적이다. 학습 기간이 길수록 더 많이, 더 잘 기억하게 되는 현상을 '간격 효과Spacing Effect'라고 부른다. 벼락치기와는 상반되는 개념이다.

라이트너의 상자 암기법

우리는 보통 단어 암기처럼 시간을 많이 잡아먹는 공부를 할 때 색인 카드를 활용한다. 물론 그밖에 다른 학습에도 충분히 적용 가능하다. 먼저 모든 카드를 첫 번째 칸에 넣는다. 양면 중 한 면에는 질문을 적고 다른 면에는 정답을 적는다. 카드를 한 장씩 꺼내 질문을 읽고 답을 말한 다음 정답을 맞힌 카드는 다음 칸으로 옮긴다. 정답을 맞히지 못한 카드는 다시 첫 번째 칸으로 되돌려 놓는다. 상자의 각 칸은 크기가 다르다. 한 칸이 꽉 차면 다음 칸을 채우기 위한 작업에 들어간다.

이 간단한 학습법은 '라이트너의 상자 암기법'이라고 불린다. 독일의 시사 평론가 세바스티앙 라이트너가 개발했기 때문이다. 요즘은 카드와 상자를 세트로 묶어 팔기도 하고 학습을 돕는 웹사이트와 애플리케이션도 있다. 온라인에선 지능형 알고리즘이 적합한 반복 주기를 찾고 그것을 학습자에게 맞게 조정해준다. 원하는 학습 강도를 본인이 직접 선택할 수도 있다.

이 중 추천하는 것은 시각적으로는 단순하지만 적용 분야가 광범위한 앤키Anki 소프트웨어다. 모든 컴퓨터 운영체제에서 사용 가능하고 사진 외 동영상과 음성 파일도 입력할 수 있다. 프로그램의 이름은 '암기暗記, あんき'를 뜻하는 일본어에서 유래했다. 먼저 프로그램이 당신의 이상적인 반복 주기를 파악하게 하면 검증된 시스템에 따라 학습할 수 있다. 배운 내용을 반복하기에 제일 좋은 순간은 잊어버리기 직전이다.

관련해서 80년대에 발표된 굉장한 연구가 있다. 연구진은 실험 대상자를 두 그룹으로 나눠 스페인어를 배우게 했다. 첫 번째 그룹은 배운 즉시 단어 시험을 봤고, 두 번째 그룹은 한참 후에 시험을 봤다. 당연히 첫 번째 그룹의 평균 점수가 높았다. 8년이 지난 후, 실험군은 한 번 더 시험을 봤다. 이번엔 두 번째 그룹의 평균 점수가 월등히 높았다. 학습 과정에서 일정한 간격을 두는 것이 장기적으로는 훨씬 나은 결과를 낳은 것이다.

자, 간격을 명심하자! 사람마다 적합한 간격이 다르므로 얼마만큼 간격을 둬야 좋다고 콕 집어 말할 수는 없다. 다만, 알람 시계나 소프트웨어의 도움을 받다 보면 자신만의 간격을 찾기가 훨씬 수월할 것이다.

Q&A

Q26 뮌헨의 전통 양조장인 하커-프쇼르는 오늘날 주류 대기업인 파울라너Paulaner의 자회사로 편입되었다. 하커 가문은 또한 뮌헨이 자랑하는 유명 클래식 작곡가를 배출하기도 했는데, 스스로 '국민 효모에서 나왔다'고 말한 이 음악가는 누구인가?

A26 리하르트 슈트라우스. 그가 작곡한 여러 작품 중 주요작으로는 〈차라투스트라는 이렇게 말했다〉, 〈알프스 교향곡〉 등의 교향시와 〈엘렉트라〉, 〈살로메〉, 〈장미의 기사〉, 〈낙소스섬의 아리아드네〉 등의 오페라가 있다.

⑨ 뇌 건강을 위한 3대 법칙

단도직입적으로 말하겠다. 이제부터 소개할 뇌 건강을 위한 세 가지 중 하나만 잘 관리해도 기초는 다질 수 있다. 셋 중 둘을 잘 관리하는 것이 내 목표다. 혹 세 가지 모두 제대로 관리하고 있다면, 존경한다! 오히려 당신의 정신건강을 위해선 가끔 느슨해지는 것도 나쁘지 않을 것 같다.

① 운동

"멘스 사나 인 코르포레 사노Mens sana in corpore sano" 건강한 몸에 건강한 정신이 깃든다[Q27]는 것은 고대 로마부터 주지해온 사실이다. 비록 풍자 시인 유베날리스가 이 말을 하게 된 맥락은 사라진 채 알맹이만 남아 전해지지만 그 정도야 고대 격언이 흔히 겪는 운명이다. 유베날리스는 신에게만 매달리는 시민들을 조롱하기 위해 이 말을 했다. 바쿠스를 찬미하며 와인이 주는 쾌락에 탐닉한 사람들에게 경고하려는 의도보다는 로마의 일곱 개 언덕 중 제일 낮은 언덕도 숨을 헐떡이며 올라가는 저질 체력을 겨냥하려 했다.

잘못된 해석에도 본래의 핵심은 남았으니 다행이다. 정신적 성과를 최대치로 올리려면 신체를 책임감 있게 다루는 태도가 기본으로 전제돼야 한다. 세계 최고의 체스 선수인 마그누스 카를센과 파비아노 카루마오가 체스 말을 잡는 손으로 아령도 드는 이유다. 결승전까지 전략적으로 말을 잘 놓으려면 평소엔 말처럼 뛰면서 체력을 관리해야 한다.

규칙적인 운동이 사고기관 내 혈액 순환을 촉진하고 뇌에서 학습을 담당하는 해마 신경세포의 성장과 세포 간의 연결에 도움을 준다는 것은 이미 증명된 사실이다. 운동은 기억력 강화에도 도움을 준다. 그 긍정적 효과는 나이가 들수록 선명하게 드러난다. 지구력을 요구하는 운동인 조깅이나 자전거 타기가 가장 좋지만 필라테스나 요가 같은 실내 운동도 효과가 있다. 운동을 통해 신체를 단련할 때, 우리의 몸에선 뉴런의 형성과 연결에 결정적인 역할을 하는 '뉴로트로핀'이 분비된다. 운동하는 동안과 후에 분비되는 '도파민'도 기억력과 무관치 않다. 이런 신체 유래 전달 물질은 그저 상쾌한 기분을 느끼게 할 뿐 아니라 인지 과정에도 긍정적 영향을 미쳐서 우리의 기억력이 향상된다. 모든 과정이 정확하게 밝혀지진 않았다. 그래도 적당한 운동으로 사고력이 좋아진다는 것 자체는 기정사실이다.

일부 과학자는 운동이 머릿속을 초기화하는 효과를 낸다고도 말한다. 추상적이고 논리적인 사고를 담당하는 전전두엽 피질에서 신체 활동과 조정을 담당하는 운동 피질로 활성화 영역이 이동하기 때문이다.

그래도 운동은 싫다는 사람에게 희소식을 하나 전할까 한다. 매일 운동하지 않아도, 일주일에 한두 번, 잠깐의 신체 활동만으로도 이런 효과를 볼 수 있다. 굳이 마라톤을 할 필요는 없다. 짧은 산책길에서 걸음 속도만 조금 높여도 생각을 담당하는 뇌 영역의 부피가 커진다. 운동은 신경세포의 탄생을 돕는 산파이자 정신 건강에 없어선 안 될 주춧돌이다.

그렇다고 운동의 효과를 과대평가하거나 운동하지 않는 사람은 뇌가 잠들어버린다고 섣부르게 판단해서는 안 된다. 전설적인 천문학자 스티븐 호킹[Q28]은 운동 신경계에 생긴 퇴행성 질환인 루게릭병[Q29] 때문에 휠체어에 앉아 몸을 거의 움직이지 못한 채 인생 대부분을 보냈다. 고도의 정신력을 발휘하는 데 운동이 필수는 아니라는 사실을 입증한 빛나는 사례다. 그러나 잊지는 말자. 운동은 무조건 득이 실보다 많다.

② 수면

나는 잠이 적은 친구들이 진심으로 부럽다. 내 친구인 타케후미는 하루에 다섯 시간 잔다. 오랫동안 그 말을 믿지 못했으나 함께 여행을 다녀본 뒤론 믿지 않을 수 없었다. 앙겔라 메르켈 독일 총리를 비롯해 많은 성과를 거두는 유명인들 중에서도 조금 자는 사람이 많다. 그들의 눈꺼풀 아래엔 종종 수면 부족의 흔적이 드러나지만 그들이 해치우는 업무량을 보면 무리도 아니다.

잠이 많고 적음은, 다른 많은 형질이 그러하듯 유전적 로또에 의해 결정된다. 오랫동안 나는 그 점을 받아들이지 못했고, 내 몸과 정신이 휴식을 취하는 데 필요한 여덟 시간

보다 적게 자려고 온갖 애를 썼다. 하지만 좋은 성과를 내는 데 아무런 도움이 되지 않는 한심한 생각이었다. 매일 충분한 수면을 취하는 것은 시간 낭비가 아니다. 가장 이상적인 수면시간은 각자 다르니 알아서 정해야 한다.

낮에 새겨진 기억의 흔적은 자는 동안 재활성화된다. 이때 일어나는 신경 생리학적 과정이 기억을 유지하는 데 꼭 필요하다. 뇌가 깊은 수면의 단계에 들어가면 임시 기억 저장소에 있던 정보들이 장기 기억 저장소로 이동한다. 부수적으로 뇌 피질에서 분비되는 이른바 '델타파'가 뇌에 긍정적인 진동을 전달한다. 이는 또한 사고와 기억에 필수적인 뇌 영역 간의 상호 반응에 영향을 주어서 기억의 내용이 장기 기억으로 이전될 수 있도록 한다. 뇌 과학자들은 이를 두고 '신경 작용의 재생'이라고 부른다. 자는 동안 다시 보기 버튼을 누르는 셈이다!

잠자리에 들기 전에 낮에 배운 내용을 한 번 더 들여다보면 이런 뇌 작용을 촉진할 수 있다. 학습 내용이 뇌에서 떨어나가지 않고 아침까지 기억에 남아 있을 가능성을 높이는 것이다. 미래에는 심지어 청각적 자극으로 뇌의 통합 과정을 촉진할 수 있으리라 가정하는 과학자들도 있다. 허나 수많은 학생의 기대처럼 밤에 이어폰을 꽂고 잔다고 새로운 단어가 두뇌에 새겨지진 않는다. 단, 그와는 다른 방식으로 우리는 자는 동안에도 쉬지 않고 무언가를 학습하는 중이다.

③ 영양

운동, 수면과 함께 학습에 중요한 3대 요소는 영양이다. 우리의 뇌는 전체 질량의 2%밖에 차지하지 않지만 전신에서 소비되는 에너지의 5분의 1을 사용한다. 어째서 다들 두뇌 게임으로 다이어트를 할 생각은 않는 걸까? 체스 선수들이 경기 도중 엄청난 칼로리를 소모한다는 사실은 이미 입증이 되었다. 몇 시간씩 체스판 앞에 앉아 운동이라곤 말을 옮기는 것밖에 하지 않는데도 말이다. 선수들은 며칠에 걸친 선수권 대회가 끝나면 체중계 바늘이 가리키는 숫자가 달라진다고 말한다.

지혜를 숟가락으로 떠먹을 수는 없다. 하지만 균형 잡힌 식단에 더해 특별한 몇 가지 음식을 섭취하면 뇌에서 일어나는 신진대사에 긍정적인 영향을 미쳐서 뇌 기능 활성화에 도움이 된다. 아마존 정글이나 히말라야에서만 구할 수 있는 희귀한 슈퍼 푸드를 고집할 필요는 없다. 쉽게 구할 수 있는 간단한 식품만으로도 뇌를 도울 수 있고 그중 대표가 바로 물이다. 의사들이 주문 외듯 말하는 "충분한 수분 섭취!"는 건강한 두뇌를 위해서도 기억해야 할 말이다. 하루에 물이나 차 2*l*가 권장량이다. 충분한 수분 섭취는 몸과 머리에 혈액이 원활히 돌도록 도와주고 뇌에 충분한 산소를 공급한다.

내 어머니는 시험 날 아침이면 손에 포도당 사탕을 꼭 쥐어주셨다. 몸에 금방 흡수되는 당분은 아주 짧은 시간에 끝나는 시험에만 효과가 있다. 15분에서 20분 후엔 에너지가 갑자기 떨어지는 현상이 나타나 오히려 능률을 떨어뜨리는 역효과를 낼 수 있다. 좀 더 지속적으로 에너지를 공급하기 위해서는 아침에 통곡물빵이나 현미 플레이크처럼 복합 탄수화물을 먹는 게 좋다. 과일과 야채도 빠뜨려선 안 된다. 과일과 야채에 함유된 다당류는 복잡한 생각을 하느라 에너지 소비가 많을 때 혈당을 일정한 수준으로 유지하는 역할을 한다.

원활한 뇌 기능을 위해선 매일 지방과 단백질을 섭취하

는 것도 필수적이다. 몸에도 그렇지만 머리에도 지방이라고 다 같은 지방은 아니다. 특히 오메가3 지방산과 같은 고도 불포화지방산은 신경세포의 외피를 강화해 세포 간 정보전달을 촉진한다. 오메가3 지방산 함유량이 높은 음식으로는 아마씨유가 대표적이다. 유채유와 호두유 같은 식물성 기름과 연어나 장어, 정어리 등의 생선 그리고 호두나 피칸, 땅콩과 아몬드 같은 견과류에도 오메가3는 풍부하다.

특히 견과류에는 비타민B와 미네랄도 풍부하여 뇌 건강을 지키면서도 기력을 보충하기에 좋은 음식이다. 그래서 내 책상 위엔 항상 불룩한 호두 껍데기가 굴러다닌다. 예로부터 견과류는 약해진 정신을 보강할 때 약처럼 처방되던 식품이다. 학생들의 군것질거리로만 생각할 게 아니다.

하지만 독일에선 견과류 믹스에 '학생용 먹이Studentenfutter'란 이상한 별명이 붙은 탓에 돈 없는 학생들이 출출한 배를 채우느라 어쩔 수 없이 먹는 음식이란 이미지가 붙었다. 실상은 정반대다. 자녀들을 대학에 보낸 부유한 부모들이 값비싼 아몬드가 들어간 견과류 봉지를 간식으로 싸 보내면서 유래한 이름이다. 정작 자녀들이 이 간식을 사랑한 이유는 부모의 기대와 전혀 달랐다. 자녀들이 먹은 견과류는 숙취 해소에 뛰어난 효과를 보였다.

소량의 미학

나는 어머니, 아버지, 그리고 할아버지까지 모두 맥주 업계에 종사하는, 나름 주류 업계 자손이다. 입안을 즐겁게 하는 이 마성의 액체 덕분에 우리 몸엔 행복 호르몬이 흐른다. 그래도 나는 술을 끊었고 이후로도 입맛을 돋우는 와인 한 잔이나 하루의 피로를 날려 보낼 맥주 한 캔을 그리워하지 않는다.

뇌신경학적 관점에서는 뇌를 응급 상황으로 몰아넣지 않는 것이 중요하기 때문이다. 정기적인 과음은 간뿐 아니라 뇌세포도 파괴한다. 소량의 알코올이 장기적으로는 우리의 인지능력에 부정적인 작용을 한다는 결정적인 증거는 아직까지 발견되지 않았다. 하지만 나에게 음주는 어울리지 않는다. 그러니 1940년대 코미디 영화 〈화주〉의 유명한 대사처럼 "조금씩 입만 축이게!"

단것, 패스트푸드, 탄산음료 등을 줄기차게 소비하는 것 또한 우리의 정신력에 해로운 영향을 미친다. 쉽게 말해 뚱뚱한 바보가 될 위험이 커진다. 건강하지 않은 음식은 기억과 식욕 조절을 담당하는 뇌 영역인 해마에 손상을 일으킨다. 이는 혈액 순환 문제와 얽히면 더 치명적이다. 식욕 조절 기능이 교란되면 '멍청한 음식'에 대한 집착이 심해지기 때문에 적절한 영양 섭취가 이중으로 어려워진다.

하지만 그렇게 되기까지 굉장히 오랜 시간이 필요하다. 와퍼나 맥너겟[Q30]을 한두 번 먹는다고 당장 뇌가 막히는 건 아니다. 다만 그런 패스트푸드가 식생활의 기본이 된다면 치매에 걸릴 위험이 높아지고 이미 걸린 사람은 진행 속도가 빨라진다. 그러므로 영화 〈슈퍼 사이즈 미〉에서 감독 모건 스펄록을 따라 해선 절대 안 된다. 그는 30일간 오로지 맥도널드 음식만을 먹었다.

사실 뇌의 능률을 최고치로 끌어올려줄 명약이나 기적의 가루는 합법적인 선에선 없다고 본다. 음식 섭취에 있어서도 마찬가지다. 분명 양질의 음식을 먹는 것이 유익하지만 고집할 필요는 없다. 배가 출출할 때, 군것질을 좋아하는 사람이라면 굳이 블루베리나 브로콜리만 먹을 것이 아니라 다크 초콜릿 봉지에 손을 뻗어도 괜찮다는 말이다. 지금 당장 섭취하는 음식을 바꾸느라 스트레스 받지 말고 조금씩 개선해보자.

쇠락하는 뇌를 살리는 법

스페인의 신경학자이자 노벨상 수상자인 산티아고 라몬

이 카할은 약 100년 전에 이렇게 말했다. "성인의 뇌 속 신경 경로는 굳어져서 변하지 않는다. 모든 것이 죽을 뿐, 재생될 수는 없다." 그의 주장은 오늘날까지 이어져 '새로운 것을 배우기엔 너무 늙었다'는 가정을 뒷받침한다. 그래, 어느 정도는 인정해야 할지도 모르겠다. 일정한 나이를 넘어서부터는 새로운 언어를 배우기가 여간 힘들지 않다. 젊을 때보다 훨씬 많은 에너지와 시간을 투자하는 데도 발전 속도는 느리다.

우리 정신 세계가 절정에 이르는 시기가 20대 중반이란 사실은 이론의 여지가 없는 정설이다. 그러니 젊은 사람일수록 인지 처리 속도가 더 빠르고 그래서 더 많은 업무를 처리할 수 있다고 단정할지도 모른다. 하지만 연장자들에겐 모자란 부분을 보완할 만한 경험과 결정적 지능이 있다는 사실을 기억하자. 정신적 쇠락은 경험으로 상쇄할 수 있다. 오히려 해가 갈수록 더 도드라지게 나타나는 쪽은 신체의 노화일지도 모른다.

오랜 세월 사람들은 인간의 뇌가 바뀌지 않는다고 생각했다. 하지만 오늘날엔 우리의 뇌가 영구불변이 아니라는 것을 안다. 신경 가소성과 신경 생성에 대한 발견은 뇌가 계속 변한다고 말한다. 장년이 되어서도 새로운 신경세포가 계속 형성되는 현상을 의사들은 '성인기의 신경 생성'이라고 부른다. 성인의 해마에서는 매일 1,000여 개의 새로운 신경세포가 생성된다.

우리의 사고 기관을 구성하는 전체 뉴런의 수가 수천억 개인데 비하면 그리 많지 않은 것처럼 보일 수도 있다. 하지만 젊은 신경세포는 민감성과 유연성, 다면성이 뛰어나기 때문에 꼭 필요하다. 젊은 세포는 다른 뉴런들과의 연결을 더 빠르고 용이하게 만들어주기 때문이다.

그런데 본인의 생활 습관에 따라 생성되는 신경세포의 양이 달라진다. 정신 활동뿐 아니라 신체 활동도 새로운 뉴런의 형성을 촉진한다. 외국어 공부는 물론 규칙적인 운동도 뉴런 형성에 도움이 된다는 얘기다. 그중에서도 특히 댄스나 저글링 같은 협응 훈련이 효과가 뛰어나다.

새로운 세포가 우리의 뇌 구조에 얼마나 효과적으로 적응하는지는 우리가 이 신선한 세포에게 어떤 학습 자극을 제공하는지에 달렸다. 신체적 그리고 정신적 훈련은 알츠하이머를 예방하는 최고의 수단이기도 하다. 이 점은 미국에서 많은 연구로 입증되었다.

Q&A

Q27 같은 의미의 라틴어 격언, "아니마 사나 인 코르포레 사노Anima sana in corpore sano"에서 유래한 일본의 스포츠용품 브랜드명은?

Q28 '호킹 복사'란, 개념으로 존재하는 어떤 천체가 빛을 낸다는 가설이다. 영국인 물리학자가 평생을 바쳐 연구한 이 천체는 무엇인가?

Q29 차가운 물 한 양동이를 뒤집어쓴 유명 인사들이 다음 주자를 지목하는 릴레이 캠페인으로 루게릭병에 대한 관심을 호소하고 환자들을 위한 기부를 장려하기 위해 2014년에 시작된 챌린지의 이름은?

Q30 영국의 유명 주간지 〈이코노미스트〉가 다양한 국가 통화의 구매력 지수를 측정하기 위해 기준으로 삼은 맥도날드 버거의 이름은?

A27 아식스. 나이키는 원래 아식스(당시는 오니츠카 타이거스) 신발을 팔던 블루리본스포츠에서 시작됐다. 고배에 본사를 둔 아식스의 마크는 호랑이 줄무늬를 본떴다.

A28 블랙홀. 강한 중력으로 인해 빛을 포함해 어떤 것도 빠져나올 수 없는 시공간 영역을 뜻한다. 블랙홀의 바깥면은 '사건의 지평선'이라고 불린다.

A29 아이스 버킷 챌린지. 인도에서는 가난한 사람이나 가족에게 쌀 한 양동이를 선물하는 라이스 버킷 챌린지로 변용됐다.

A30 빅맥. 맥도날드 지점을 운영하던 짐 델리가티가 버거킹의 와퍼에 대항하기 위해 개발한 메뉴다. 독일에서 판매 중인 빅맥은 열량이 495*kcal*다. 어떤 나라에선 고기 패티를 두 장이 아니라 네 장 얹고 슬라이스 치즈도 한 장 추가한 더블 빅맥을 주문할 수 있다.

⑩ 기억력 훈련에 도움이 되는 팁

퀴즈 스포츠는 역사가 짧다. 지금까지는 정해진 금지 약물 리스트가 없고 당연히 도핑 테스트도 하지 않는다. 그렇다고 경기 중 부정행위를 무방비로 허용하지도 않는다. 옆자리를 넘겨다보는 것을 막기 위해 언제나 칸막이가 설치돼 있다. 애석하지만 어른들에게도 이런 조치는 필요하다. 지금까지 약물로 퀴즈 우승을 차지한 사례는 없다.

승부의 세계에서 이만한 청정 구역도 없다고 자부한다. 오로지 기억력만으로 승부하다 보니 기억력 향상을 위한 몇 가지 팁도 이렇게 당신에게도 알려줄 수 있게 되었다.

기억과 공간의 매칭

우리는 새로운 내용을 배울 때 학습 내용과 그것을 배운 환경을 연결하여 기억하다. 하지만 냄새부터 배경 소음까지 학습에 영향을 미치는 다양한 특성을 우리는 알아채지 못할 때도 많다. 당연히 공부하기에 더 좋은 장소도 따로 있다. 공부하려고 마음먹은 사람에게 무엇보다 급선무는 집중할 수 있는 장소를 찾는 것이다. 사람마다 선호하는 공부 장소는 제각각이다. 누구는 깔끔한 책상 앞에서 가족사진을 보면서 공부하는 게 제일 좋다고 하고, 다른 누구는 도서관 창가에 앉는 것을 더 좋아한다.

정작 나는 공부 자리를 별로 따지지 않는다. 어느 한 장소를 정해두기보다 항상 옮겨 다니며 공부한다. 만원 지하철이든, 공원 잔디밭이든, 욕조 안이든 어디서나 집중이 잘 되는 편이다. 내가 공부해본 데 중 가장 독특한 장소를 들라면 단연 공동묘지다. 나는 할아버지 산소 옆에서 중국어 단어를 외운 적이 있다.

축구 경기장에서도 플라스틱 의자에 앉아 책을 읽은 적도 있는데 경기한 팀에 누가 될지도 모르니 경기장 이름은 말하지 않는 게 좋겠다. 환호성은커녕 양쪽 관중석이 모두 조용하기만 하고 선수들도 모두 경기를 하는 둥 마는 둥 했다. 여기까지 종합해보니 보통은 공부에 방해를 받을 만한 상황 속에서 나는 오히려 집중이 잘됐던 것 같다.

그렇다면 우리의 기억은 공간과 어떻게 연결되는 걸까? 내 경우는 같거나 비슷한 내용을 이리저리 옮겨 다니며 공부하는 편이다 보니 기억이 장소와 연결되진 않는다. 하지만 1978년 한 연구팀이 실험 대상자를 두 그룹으로 나눠 증명한 바에 따르면, 공부한 방과 같은 방에서 시험을 본 그룹이 공부한 방과 다른 방에서 시험을 본 그룹보다 평균 점수가 높았다.

비록 연구의 신빙성을 더할 만한 후속 연구는 이뤄지지 않았지만 지식과 장소가 서로 연결돼 있다는 사실 자체는 인증된 셈이다. 신경학에서 발견한 장소 세포Place cell 또한 지식과 장소 간의 연관성을 입증한다. 평생을 자기 방에서만 보내고 싶은 사람은 없을뿐더러 그럴 수 있는 사람도 없다. 학습 환경에 따라 학습의 모습도 다양해질 수밖에 없다.

학습과 기억 그리고 공간의 상관관계를 증명한 후속 연구에선 신기한 현상도 발견되었다. 당신도 분명 이와 관련한 경험이 있을 것이다. 문득 자리에서 일어나 다른 방에 가서는 우두커니 '여길 왜 왔지?'라고 해본 적이 있는가? 벌써 치

매가 온 걸까? 그렇진 않다. 이 현상은 적어도 심리학자 사이에선 꽤나 유명한 위치갱신 효과Location-updating Effect와 관련이 있다.

2012년 저명한 기억 연구자인 가브리엘 라드반스키와 노트르담 대학의 연구팀은 공간 환경이 우리의 기억력에 작은 오류를 일으킨다는 사실을 찾아냈다. 그들은 60여 명의 실험 대상자들에게 기억력 훈련을 하게 했다. 여러 상자에 물건들을 넣거나 한 테이블에서 다른 테이블로 옮기는 연습이었다. 잠시 후 원래 순서대로 물건을 정렬할 수 있으면 실험에 통과한 것이다.

이런 실험에선 흔히 그러하듯 이번에도 대상자들을 두 그룹으로 나누었다. 첫 번째 그룹은 훈련을 했던 방에서 시험을 치렀다. 반면, 두 번째 그룹은 훈련을 한 다음 방을 이리저리 돌아다니다가 문을 열고 나가게 했다. 결과는 문을 열고 나가지 않은 그룹의 성적이 더 좋았다.

문이 기억을 잡아먹는다고? 커다란 사무실 하나에 직원들을 몰아넣고 비용을 아끼려는 사장님들이 환영할 논리다. 문지방 넘어갈 일을 원천봉쇄하려면 다 같이 야외로 나가야 할까?

장기 기억을 위한 글씨체

글을 읽을 때 글씨체가 기억력에 긍정적인 영향을 줄 수 있다는 사실도 증명되었다. 흔히들 글씨가 큼지막할수록 읽기 쉽다고 생각한다. 하지만 그것도 어느 정도지 너무 큰 글씨는 오히려 독해에 방해가 된다.

행동 심리학자와 디자이너로 구성된 로얄 멜버른Q31 공과대학의 연구팀은 몇 년 전 일부러 읽기 까다롭게 고안한 글씨체를 개발했다. 글씨체의 이름은 '산스 포게티카Sans Forgetica'로 '잊을 수 없는'이란 뜻이다. 왼쪽으로 살짝 기울어진 철자들엔 구멍이 많고 여백이나 높이도 제각각이다.

이 의도된 까다로움은 우리가 글에 좀 더 집중하도록, 우리의 정신이 좀 더 오래 글에 머물도록 하는 작용을 한다. 말하자면, 글에서 정보를 끄집어내기 위해 애를 더 많이 써야 한다는 뜻이다.

400명이 넘는 학생을 대상으로 이 글씨체로 실험을 한 결과Q32, 대상자들은 '산스 포게티카'로 쓰인 정보 중 57%를 기억하고 있었다. 획의 삐침이 없는 글씨체 중 가장 대중적인 '에어리얼Arial'로 쓰인 정보는 50%를 기억했다.

7%가 차이가 대수롭지 않아 보일지도 모르지만 연구자에게는 주목할 만한 수치다. 이 글씨체는 무료로 다운로드

할 수 있으며, 크롬 브라우저에서 플러그인을 설치하면 온라인상의 모든 정보를 이 글씨체로 읽을 수도 있다.

로즈마리의 마법

다른 팁도 있다. 베를린 퀴즈 챔피언십에서 나와 2인조를 이루었던 요르그 센크는 경기 전에 로즈마리 오일 향을 맡는 것이 도움이 된다고 말했다. 생화학을 전공한 그는 매 경기 때 작은 병에 오일을 챙겨 와선 시작 벨이 울리기 직전 코에 들이댄다. 지금까진 우리가 금메달을 놓친 적이 없기에 아마 로즈마리가 뇌에 좋은 영향을 준 것으로 짐작한다. 내가 파트너에게 배운 바에 따르면, 로즈마리는 이미 그 효능이 수백 년 전에 입증된 약재다.

고대 그리스에선 학생들이 기억력과 뇌의 활동을 향상시키기 위해 로즈마리 화관을 썼고, 윌리엄 셰익스피어[Q33]의 《햄릿》에서는 아름다운 오펠리아가 햄릿에게 로즈마리 꽃을 건네며 이렇게 말한다. “여기 로즈마리가 있어요, 잊지 말라는 뜻이지요.” 이 꿀풀과 식물을 활용하는 최고의 방법은 시험 직전이 아니라 공부를 할 때부터 향을 맡는 것이다. 물론 내 친구가 플라시보 효과를 봤을 가능성을 완전히 배제할 수는 없다. 판단은 자유에 맡기겠다.

Q&A

Q31 호주의 주요 도시 중 하나인 멜버른은 어느 주의 수도일까? 이 도시는 총리이자 영국 귀족인 윌리엄 램 멜버른 자작에게서 이름을 따왔다. 멜버른 자작은 어떤 영국 여왕의 스승이었는데, 우리가 찾고 있는 이 주가 바로 그 여왕에게서 이름을 따왔다.

Q32 이러한 심리학 실험 결과를 과연 100% 신뢰할 수 있는가에 관한 의심이 최근 증폭되고 있다. 'WEIRD'로 요약되는 특정 집단이 실험에 참여하는 비율이 너무 높다는 이유에서다. 이는 그저 이상한 데서 그치지 않고 결괏값을 심각하게 왜곡시킨다. WEIRD의 W는 '서양의Western', E는 '교육받은Educated', I는 '산업사회의Industrialized'를 뜻한다. 그렇다면 R과 D는 무엇의 약자인가?

Q33 윌리엄 셰익스피어는 여섯 살 연상인 아내에게 "두 번째로 좋은 침대를 남긴다"는 유언을 했다. 2012년 영화 〈레미제라블〉에서 '판틴Fantine'역을 맡아 오스카 여우조연상을 수상한 여배우와도 동명인 셰익스피어의 아내의 이름은?

A31 빅토리아. 오스트레일리아의 준주나 연방주 주도는 대부분 인물에게서 이름을 따왔다. 노던 준주의 주도는 다윈, 퀸즐랜드의 주도는 애들레이드, 태즈메이니아의 주도는 호바트, 뉴사우스 웨일스의 주도는 시드니다.

A32 부유하고Rich 민주적인Democratic. 심리학과 학생이라는 아주 작은 집단이 학생 실험군의 대부분을 차지한다.

A33 앤 해서웨이. 빅토르 위고의 소설을 영화화한 〈레미제라블〉에서 판틴 역을 맡기 위해 원래도 가냘픈 이 여배우는 11*kg*을 더 감량했다.

일상의 잡학

① 지식은 길 위에 있다

혹시 당신이 거주하는 주소가 어디에서 유래했는지 생각해본 적 있는가? 당신이 출퇴근길에 지나다니는 도로에 대해서도 생각해본 적이 있는가? 질문에 확실하게 답하는 사람은 소수에 불과할 것이다. 그런데 왜? 자투리 시간을 유용하게 보내는 데 길 이름만큼 좋은 소재도 없다. 문자 그대로 '길 위의 지식'이다.

예를 들어, 베를린에 사는 사람이라면 전통의 번화가인 쿠르퓌르슈텐담으로 가볍게 쇼핑을 떠나보자. 이리저리 쏘다니면서 교차로와 광장에 붙은 이름에 관심을 기울이면 새로운 지식 세계의 문이 열린다. 랑케가街에서는 현대 역사학의 창시자인 레오폴트 폰 랑케를 만나고, 울란트가에서는 요한 루드비히 울란트가 19세기를 대표하는 서정 시인일 뿐 아니라 자유 선거로 구성된 최초의 독일 의회 프랑크푸르트 국민의회의 의원이었다는 사실도 알게 된다.

게오르게그로스 광장에서는 미술계에 사실주의라는 새로운 방향을 제시한 화가 게오르게 그로스와 마주치고, 라테나우 광장에서는 바이마르 공화국의 외무장관이었던 발터 라테나우가 전자회사인 아에게AEG의 사장이었다는 새로운 사실을 발견할 수 있다. 올리바 광장에서는 발트해 연안의 폴란드 도시인 올리바로 소풍을 다녀올 수도 있을 것이다.

이런 여행을 얼마나 오래 할지는 각자가 하기 달렸다. 단, 베를린 쇼핑가 전체가 보물 창고는 아니다. 흔하디흔한 다섯 단어, 즉 중앙(Haupt), 학교(Schul), 정원(Garten), 마을(Dorf), 기차역(Bahnhof)이 붙은 거리에선 지식의 폭풍 성장을 기대할 수 없을 것이다. 그런 단어가 연거푸 나오는 통에 한참을 걷고 난 후에야 공부할 게 생길 때도 많다.

지식을 습득하는 데 있어서 이 방법이 효과적인 이유는 새로 얻은 지식을 장소와 연결할 수 있기 때문이다. 가령,

'콘라트 아데나워'란 역사적 인물을 아데나워 광장의 시각적, 청각적, 후각적 자극과 연결하여 기억할 수 있다. 단순히 길을 걷는 동안에도 우리 뇌의 다양한 영역들은 끊임없이 주변의 자극에 반응한다. 행인의 말소리와 자동차 소음에 청각중추가, 식당에서 새어 나온 갓 구운 피자 냄새에 후각중추가, 주위를 둘러싼 풍경에 시각중추가 반응한다.

물론, 그런 감각적 인상 하나하나가 반드시 콘라트 아데나워란 인물과 내용적으로 연결되지는 않는다. 하지만 초대 서독 총리가 채소로 만든 소시지와 옥수수 가루로 만든 '아데나워 빵'의 특허권자라는 것과 의외로 그가 가장 좋아한 음식은 라인 지방의 애플파이였다는 사실이 그저 지도를 쓱 훑어보고 검색했을 때보다 훨씬 기억에 오래 남는다.

우리의 감각이 수집한 인상이 인물에 대한 추가 정보와 연결된 덕분이다. 그러니 당신이 거리 이름의 유래를 알아보는 버릇을 들인다면 짧은 시간 안에 지식의 반경을 급격하게 확장할 수 있다. 특히 지리와 역사 그리고 문화 분야에서.

아리보? 하리보!

나는 방송 동료이자 베스트 프렌드인 세바스티앙 야코비

와 함께 2020년 독일 퀴즈 챔피언십에서 우승을 차지했다. 우리는 100문제 중 75문제를 정확하게 맞혔고 경쟁 팀보다 딱 한 점 앞선 승리였다. 정답 하나당 1점이므로 문제 하나로 승패가 정해졌다. 그중 내가 맞히고서 특히 기뻤던 질문은 이것이다. "8세기에 제작된 고대 고지高地독일어 사전으로 현존하는 가장 오래된 독일어 책은?"

그로부터 바로 한 달 전, 나는 어느 경제 단체 모임에 초청받아 뮌헨의 인근 마을, 로타흐에게른에서 강연한 적이 있다. 행사가 열린 호텔 주소는 '아리보'로 시작했다. 그래서 찾아보게 된 아리보 폰 프라이징 주교는 최초의 독일 국적 작가였고, 퀴즈의 정답인 《코덱스 아브로간스》의 저자였다. 나는 아리보란 이름을 듣자마자 금색 곰돌이가 트레이드마크인 하리보 젤리를 떠올렸고 그 덕분에 잊지 않을 수 있었다.

그 행사가 끝나고 나는 따뜻한 겨울 날씨를 즐기며 마을을 산책했다. 그리고 어쩌면 다음번 우승컵을 쥐는 데 도움이 될지도 모르는 독일 최초의 사진에 관한 정보를 얻었다. 아리보가는 프란츠코벨가와 맞닿아 있었는데, 프란츠 폰 코벨은 19세기에 활동한 작가이자 광물학자였다. 오늘날 그는 문학 작품 대신 한 장의 사진으로 기억된다. 물리학자이자 천문학자, 광학기계 전문가였던 카를 아우구스트 폰 슈타인하일과 함께 1839년 독일에서 처음으로 사진을 찍은 사람이기 때문이다. 첫 사진의 오브제는 뮌헨의 프라우엔 교회였다.

지하철역 따라 가는 역사 여행

독일이 아니라 다른 어떤 도시에서도 이 놀이와 함께라면 재미있게 상식을 쌓을 수 있다. 예컨대, 다음 관광지로 이동하는 경로에서 지나치는 지하철 정거장 이름을 탐구하다 보면 그 도시와 나라, 민족에 관해 금방 배울 수 있다. 그곳이 밀라노든, 마드리드든, 코펜하겐이든 어디서나 가능하다.

나는 2019년 여름을 파리에서 보냈다. 숙소가 있던 공쿠르역에서 현대 미술관 팔레 드 도쿄로 가는 길에서도 쉬지 않고 지식을 발견했다. 시작은 공쿠르역이었다. 에드몽 드 공쿠르와 쥘 드 공쿠르는 형제 작가로 함께 자연주의 문학 사조를 창시했다. 그들의 이름이 여전히 유명한 것은 무엇보다 그 이름을 딴 문학상 덕분이다.

프랑스에서 공쿠르상은 독일의 게오르크 뷔히너 상에

비견될 만한, 최고 권위의 문학상이다. 아카데미 공쿠르는 매해 최고의 프랑스어 소설을 선정해 상을 수여한다. 지금까지 수상한 작가로는 페미니스트이자 철학자인 시몽 드 보부아르, 이후 노벨 문학상을 받은 파트릭 모디아노, 그리고 정치적 논쟁을 불러일으킨 미셸 우엘벡 등이 있다.

공쿠르역에서 지하철 9호선을 타고 미술관으로 가는 길에 나는 루이 13세 치하 첫 재상으로 프랑스 정치와 철학에 막대한 영향을 끼친 리슐리외 추기경의 이름을 발견했다. 뒤이어 북아프리카 출신이지만 그 사상과 글로 유럽 대륙에 엄청난 반향을 불러일으킨 아우구스티누스 폰 히포와 미국 역사상 유일무이한 4선 대통령으로 세계 경제 공황과 2차 세계대전을 진두지휘한 프랭클린 루즈벨트의 이름도 등장했다. 지하에서 기차를 타고 달리는 길이 일종의 역사여행이 된 셈이다.

종착역인 예나Iéna에 내리니 파리 중심부에 독일 도시인 예나Jena에서 이름을 따온 광장이 보인다. 프랑스 사람들이 광학 분야에서 큰 성과를 거둔 칼 차이스와 에른스트 아베, 오토 쇼트에게 특별한 호감이 있는 걸까?

아니, 굳이 독일의 작은 대학 도시 이름을 파리의 한 광장에 갖다 붙인 이유가 그들의 고향이기 때문은 아닌 것 같았다. 아니나 다를까 내 예감이 적중했다. 광장의 이름은 프랑스 황제인 나폴레옹이 프로이센의 군대를 철저하게 짓밟은 1806년 예나 전투[Q34]를 기념하기 위해 붙여졌다.

Q&A

Q34 1806년 10월 19일, 크리스티아네 불피우스와 결혼한 독일 시인은 누구인가? 그는 결혼반지에 예나에서 전투가 벌어진 1806년 10월 14일을 각인해 넣었다. 그날, 불피우스가 침입한 프랑스 군인들로부터 그를 구해냈기 때문이다.

A34 요한 볼프강 폰 괴테. 1808년 에르푸르트 총회에서 괴테는 프랑스 황제와 개인 면담을 했다. 괴테의 《젊은 베르테르의 슬픔》에 감동한 황제가 먼저 요청해서 성사된 만남이었다.

2 화폐로 세계 지식 탐구하기

만약 당신이 여전히 카드보다는 현금을 선호하는 유형이라면, 실용적 지식을 쌓는 탁월한 창구로 지폐와 동전을 활용할 수 있다. 자기 지갑으로 떠나는 탐사 여행은 쉽고 간단하다. 유로화 사용 국가에선 유럽 각국의 동전들이 뒤섞여 쓰이므로 이미 동전 지갑을 한번 훑었다 하더라도 다음 쇼핑에서 받은 거스름돈으로 새로운 여행을 떠날 수 있다.

화폐 안의 예술

먼저 이탈리아의 동전을 손에 쥐면 그 나라의 풍부한 문화사와 대면하게 된다. 크기가 제일 큰 2유로 동전에는 르네상스 화가 라파엘이 그린 〈단테 알리기에리〉의 초상화가 새겨져 있다. 단테는 《신곡》의 작가이자 이탈리아 문학의 창시자다. 1유로 동전의 뒷면에는 세계적 천재 레오나르도 다 빈치의 〈비트루비안 맨〉이 새겨졌고, 10센트에는 다 빈치와 동시대를 살았던 보티첼리의 〈비너스의 탄생〉 일부분이 새겨졌다.

그렇다고 옛날 옛적의 거장들만 화폐 모델로 선택받는 건 아니다. 20센트 동전에는 미래주의 창시자인 움베르트 보초니의 대표작 〈공간 속에서의 연속성의 단일 형태들〉이 각인되었다. 이탈리아 동전을 통해 실제 그 나라 예술가들이 주도했던 20세기 예술의 도도한 흐름을 확인할 수 있다.

유로화는 총 23개국이 사용하는 돈으로 나라마다 동전을 여덟 가지씩 생산한다. 거기에 추가되는 특별 주화는 종류를 따로 셀 수 없을 만큼 많다. 현금을 통한 지식 확장엔 끝이 없다는 뜻이다. 혹시 유로화에 통달했다면 유로화 존에 포함되지 않은 이웃 국가를 기웃거려도 좋다.

문화적 자부심이 드러나기로는 스위스 지폐도 이탈리아 동전 못지않다. 스위스의 대표 선수는 경매를 통해 인기를 입증 중인 조각가 알베르토 자코메티다. 그의 조각 중엔 무려 1억 달러가 넘는 가격에 팔린 작품도 있다. 그것도 세 개가. 그의 얼굴은 100프랑 지폐 앞면에 새겨졌고 그의 조각 〈걷는 남자I〉은 바로 그 뒷면에서 찾을 수 있다.

현대 건축의 선구자로 작품 중 일부가 유네스코 세계 문화유산으로 등재된 르 코르뷔지에와 〈퍼시픽 231〉이란 작품으로 기관차의 질주를 사실적으로 표현한 작곡가 아르튀르 오네게르도 스위스 지폐에서 보게 되는 문화 인사다.

혹시 이집트의 대표적 휴양지인 후르가다에 스노클링을 하러 가게 된다면 50피아스타 지폐에서 람세스 2세만 보지 말고, 20파운드에서 무하마드 알리 모스크도 찾아보길 바란다. 이름 때문에 이슬람으로 개종한 전설적인 권투 선수 무하마드 알리에게 헌정된 건축물로 오해하면 안 된다.

카이로에 있는 이 성전은 '알라바스터'라는 백색 석고로 지어진 것으로도 유명하며 19세기 이집트 역사에서 가장 중요한 통치자였던 무하마드 알리 파샤의 지시로 지어졌다. 그렇다고 권투 선수 캐시우스 클래이가 이 오스만 총독을 기념하느라 무하마드 알리로 개명한 것도 아니다.

이처럼 꼬리에 꼬리를 무는 이야기들로 확인할 수 있는 사실은 한 가지, 돈을 내기 전에 자세히 들여다볼 필요가 있다는 것이다.

3 쇼핑으로 지식 쌓기

우리는 장 보러 마트에 가서도 값진 지식을 쌓을 수 있다. 쇼핑을 한다는 것은 수많은 브랜드와 로고Q35에 둘러싸이는 일이므로 본연의 목적 외 교육 효과를 기대할 수 있다. 만약 당신이 회사를 세운다고 가정해보자. 이름 짓는 일에 얼마나 많은 공을 들이겠는가. "노멘 에스트 오멘Nomen est omen". 이름이 곧 운명이란 말도 있지 않은가. 실제로도 많은 기업이 로고와 브랜드 개발에 투자하는 예산은 굉장하다.

먼저 과자 코너로 가보자. 헤이즐넛 비스킷 상자에서 피렌체 대성당의 종탑을 설계한 르네상스 시대의 화가이자 건

축가인 조토 디 본도네[Q36]를, 사탕 봉지에서 폴란드 최초의 왕조 피아스틴을 만난다. 하노버 출신의 척척박사 고트프리트 라이프니츠[Q37]는 버터 비스킷 덕분에 세계적인 유명세를 자랑하게 되었다. 뿐만 아니라 체코의 최고봉 슈니코페는 시리얼 상표로, 알프스의 마터호른은 토블론 초콜릿 박스에 그려진 로고로 널리 알려졌다.

주류 칸에서는 데킬라 브랜드인 올메카[Q38]를 통해 거석 인두상으로 유명한 중미의 올메카 문화를 돌아보게 되고, 럼 진열장에선 전설의 해적인 '캡틴 모건', 헨리 모건과 인사를 나누게 된다. 러시아 술인 보드카 브랜드에선 푸틴과 고르바초프, 그리고 민족 시인 푸쉬킨[Q39] 등 다양한 인물을 만날 수 있다.

나는 독일 전통주인 슈납스 중 후베르투스란 브랜드를 가장 좋아한다. 로고에 그려진 성聖 후베르투스가 바로 사냥꾼의 수호신이기 때문이다. 내가 다름 아닌 퀴즈의 사냥꾼 아니던가. 전설에 따르면 후베르투스는 어느 일요일 사냥을 하러 나섰다가 빛나는 십자가 모양 뿔을 가진 사슴과 마주쳤고 그 이후로 '성스러운 주일'이면 사냥을 포기하고 교회에 갔다고 한다.

파스타 코너는 이탈리아어를 배우기에 제격이다. 파르팔

레Farfalle는 '나비', 펜네Penne는 '깃털', 그리고 중앙부가 깊고 오목하게 파여 흡사 수제비처럼 생긴 파스타인 오르끼에테Orechiette는 '작은 귀'란 뜻이다. 고양이 캔을 사러 반려동물 코너에 가면 위스카스Whiskas란 미국 브랜드가 눈에 띈다. 고양이 수염이 영어로 뭘까? 위스커스Whiskers! 이렇게 마트만 돌아다녀도 간단한 상식 여행이 된다.

지식 장보기 심화편

잡화 코너에서도 지식 쌓기는 중단되지 않는다. 로션과 연고를 생산하는 브랜드인 페나텐은 가정을 보호하는 로마의 수호신이고, 입 헹굴 때 쓰는 리스테린은 수술에서 소독이란 개념을 처음으로 도입한 외과의사의 이름이다.

소시지와 치즈, 그리고 맥주와 생수 칸에선 의외로 지리와 관련된 지식을 얻을 수 있다. 말린 쇠고리를 얇게 썰어 먹는 일종의 육포인 뷘드너플라이쉬를 냉장고에서 꺼내면서 스위스에서 가장 넓은 주인 그라우뷘덴을 알게 된다. 마늘과 후추로 간을 한 크라코브스카 훈제 소시지를 장바구니에 넣으면서 체코 제2의 도시 크라카우에 대해 배운다. 데브레첸 소시지는 헝가리의 도시인 데브레첸의 이름을 딴 소시지이다.

네덜란드의 에담, 고다, 림부르그는 각각 인구 100만이 채 되지 않는 작은 도시 혹은 지방이지만 치즈 덕분에 전 세계적 명성을 누린다. 이 외에도 지도를 보다가 치즈 이름을 떠올리게 되는 경우는 비일비재하다. 파리 근교에는 브리가, 노르망디엔 까망베르가, 스위스에는 에멘탈과 아펜첼이 있으며, 영국의 섬머싯주엔 체다가 있다. 러시아 칼린그라드주의 도시, 소베츠크는 소련 통치를 받기 전의 이름을 딴 틸지트 치즈로 유명하다.

그뿐 아니라 프랑스의 도시 혹은 마을 이름인 비텔, 볼빅, 에비앙은 모두 생수 상표다. 독일 사람은 프리슬란트 지방의 도시, 예퍼가 해안에 접했다고 흔히들 오해한다. 동명의 맥주 광고에 해변이 등장하기 때문이다. 그밖에도 크롬바허, 바슈타인, 에어딩거, 외팅거, 라데베르거, 쾨스트리처 등이 맥주로 도시 이름을 알렸다.

노래와 소비 간의 관계

독일 상점이 고객의 소비 욕구를 진작시키기 위해 음악에 투자하는 비용을 모두 합치면 한 해에만 1억 유로에 달할 것으로 추정된다. 때론 고객에 맞는 플레이리스트를 제공받기 위해 외부에 용역을 맡긴다. 저작권을 구매한 음악들을 어떻게 편성해야 가장 좋은 효과를 거둘 수 있을지 알아내기 위해 전문가들을 초빙해 현장 연구도 실시한다. 고객들의 연령, 성별, 출신 등을 조사하여 그들의 인구학적, 그리고 사회·문화적 특징을 파악하는 것이다. 심지어 슈퍼마켓 체인 중엔 개별적으로 라디오 방송을 운영하는 곳도 있다.

영국에서 실시한 한 연구에선 주변에서 흘러나오는 음악이 고객의 와인 선택에 영향을 준다는 사실이 증명되었다. 잠재적 구매자 귓전에 프랑스 음악을 흘리면 '메를로나 샤르도네', '쇼비뇽 블랑' 등 프랑스 와인 쪽으로 손을 뻗었고, 독일 음악으로 바꾸면 독일 화이트와인 '리슬링' 매출이 올라갔다. 하지만 음악이 우리의 소비 행태에 얼마만큼의 영향을 미치는가를 두고선 여전히 논쟁이 진행 중이다. 어떤 과학자들은 그 영향 자체에 의심을 품는다.

가끔 나는 장 보려던 물건은 모두 잊고 얼어붙은 듯 가만히 서서 천장 스피커 쪽으로 귀만 쫑긋 세울 때도 있다. 귀에 익은 노래가 들릴 때다. 그런데 이 노래 누가 불렀더라?

나는 개인적으로 음악을 듣느라 생각했던 것보다 오래 상점이나 쇼핑몰에 머물렀던 적이 많다. 그렇다고 그때마다 충동적으로 장바구니를 채웠다기보다는 잠자코 노래를 들으며 수수께끼를 풀었다. 선반이나 옷걸이 사이에 멈춰 서서 노래를 부른 가수를 맞히려고 애썼다.

다른 사람 눈엔 이상하게 보일 수도 있지만 가끔은 괴짜 취급을 받더라도 하고 싶은 대로 해야 직성이 풀리는 법이다. 혼자서 안 되면 후다닥 스마트폰을 꺼내서 노래가 끝나기 전에 음악 검색용 애플리케이션을 클릭한다. 이 또한 성공하지 못하면 노래 가사를 검색해서라도 궁금증은 풀어야 한다.

그렇지 않으면 고객의 기분을 끌어올리려 틀어놓은 음악 때문에 오히려 기분을 잡치게 된다. 매장 직원이 플레이리스트까지 짜는 건 아닌 만큼 검색으로 못 찾으면 다른 수가 없다. 가수를 맞히는 데 성공하면 공짜로 지식을 쇼핑한 셈이니, 이렇게 쇼핑도 문화적 경험이 될 수 있다.

관련해 이른바 '쇼핑 뮤직'을 서비스하는 업체가 2018년 한 해 동안 1만 4,000여 개의 독일 내 소매상에서 재생된 음악을 분석한 결과, 가장 많이 재생된 노래는 다음과 같았다.

당신은, 혹은 당신의 검색 애플리케이션은 이 중 몇 곡이나 아는가?

1. 조지 에즈라 — 〈파라다이스Paradise〉

2. 아리아나 그란데 — 〈노 티어스 레프트 투 크라이No Tears Left To Cry〉

3. 캘빈 해리스 & 두아 리파 — 〈원 키스One Kiss〉

4. 미하엘 슐테 — 〈유 렛 미 워크 어론You Let Me Walk Alone〉

5. 체인스모커스 — 〈썸바디Somebody〉

Q&A

Q35 그래픽 디자인을 배우던 학생인 캐롤린 데이비슨이 1971년 스케치한 스우시Swoosh는 어떤 미국회사의 로고가 되었는가? 당시 35달러에 스우시를 산 이 회사는 1983년에야 기획 상품 500점에 처음으로 로고를 박아 넣었다.

Q36 유럽 우주국이 1985년 쏘아 올린 무인 우주탐측기 '지오토Giotto'는 어떤 행성을 연구하기 위해 우주로 발사되었나?

Q37 라이프니츠와 아무 연결고리도 없이, 동시대에 거의 비슷한 미적분학을 발전시킨 영국의 자연과학자는 누구인가?

Q38 올메카 문명은 멕시코만 남쪽의 베라크루스주와 '이 주'

를 중심으로 발달했다. 피자에 뿌려 먹는 매운 칠리소스 브랜드 명으로도 유명한 이 주의 이름은?

Q39 알렉산더 푸쉬킨의 작품 《예브게니 오네긴》과 《스페이드의 여왕》을 오페라로 옮긴 러시아의 작곡가는?

A35 나이키. 스우시 다음으로 유명한 나이키 로고는 '점프맨'으로 에어 조단 운동화처럼 마이클 조던과 협업하여 생산된 제품에만 표시된다. 로고의 실루엣은 마이클 조던이 덩크슛을 위해 높이 점프하는 모습이다. 뛰어난 농구 선수를 모델로 쓴 덕분에 나이키가 거둬들인 수입이 수십억 달러가 넘을 것으로 예상된다.

A36 핼리 혜성. 최근 핼리 혜성이 지구에 근접했던 때는 1986년이고 2061년에 다시 나타날 것으로 예상된다. 핼리 혜성이 지구를 찾아온 시기가 미국 작가 마크 트웨인의 생몰과 겹쳐진 것은 신기한 일이다. 1835년 11월에 태어나 1910년 4월에 사망한 그에겐 '핼리 혜성과 함께 온 사나이'란 별명이 붙었다.

A37 아이작 뉴턴. 힘을 나타내는 SI 단위는 뉴턴(N)이다. 그는 케임브리지 대학의 특사로 1년간 영국 의회에 출석한 적이 있는데, 전해지는 말에 따르면 그가 1년간 한 말은 딱 한 마디, "누가 창문 좀 닫아주오."

A38 타바스코. 멕시코에서 가장 큰 연방주는 세상에서 가장 작은 견종과 이름을 나누어 쓴다. 그 이름은 치와와.

A39 표트르 일리치 차이콥스키. 다방면으로 뛰어난 그는 음악사에서 가장 사랑받는 발레곡인 〈백조의 호수〉, 〈잠자는 숲속의 공주〉, 〈호두까기 인형〉을 썼다. 러시아가 나폴레옹을 격퇴한 것을 축하하기 위해 쓴 〈1812년 서곡〉을 연주할 때는 교회 종과 대포가 투입되었다.

④ 위키피디아와 구글

전 세계 퀴즈인이 사랑하는 웹사이트를 하나만 꼽으라면 무엇일까? 망설임 없이 답할 수 있다, 위키피디아[Q40]! 학구열에 불타오르는 사람이라면 이 플랫폼의 설립자인 지미 웨일스와 래리 생어에게 고마워하지 않을 사람은 없을 것이다. 물론, 자원해서 원고를 쓰고 수정하고 업데이트하고 검증하는 수많은 유능한 인재들에게도 감사해야 한다.

처음 이 사이트가 개발되었을 때는 학문적으로 큰 의미를 갖지 못할 것이란 회의론이 우세했다. 하지만 어느새 위키피디아는 사람들이 지식의 반경을 넓히고자 할 때 가장 먼저 찾는 플랫폼이 되었다. 단언컨대, 이전까지는 이 일이 이렇게 간단하지 않았다.

위키피디아의 언어

2022년 1월까지 위키피디아의 플랫폼은 무려 317개의 언어로 확장되었다. 그중 독일어는 게시물이 총 265만 개로, 네 번째로 게시물이 많은 언어에 해당한다. 첫 번째는 당연히 영어다. 640만 개가 넘는다. 2위는 세부아노어, 3위는 스웨덴어다.

세부아노어는 필리핀에서 두 번째로 많이 사용되는 언어로 약 2,000만 명 정도가 이 말을 쓴다. 위키피디아의 능동 사용자 200명과 관리자 6명이 세부아노어로 된 게시물 610만 개 이상을 관리한다. 그중 99%가 컴퓨터 프로그램으로 작성되었다. 오스트로네시아어 중 하나인 이 언어와 관련해서는 아직까지 인쇄된 사전이나 백과사전, 하물며 온라인 사전도 존재하지 않는다. 그러므로 세부아노어를 쓰는 사람들에겐 위키피디아의 의미가 더욱 각별하다.

독일어 사용자들은 265만 건이나 되는 게시물로 든든한 지식 창고를 갖추었다. 든든하다 못해 가끔은 과하다 싶을 정도로 양이 압도적이다. 몇 년 전엔 나에 대한 게시물도 생겨서 매우 반가웠다. 그래도 정보의 양이 지나치게 늘어나면서 별로 중요치도 않은 사실로 논점을 흐릴 때가 잦다는 점은 분명 짚고 넘어가야겠다.

미국의 저널리스트 A. J. 제이콥스가 저서 《모든 것을 아는 것》에서 증명한 것처럼, 브리태니커 백과사전[Q41]은 시간과 지구력만 있으면 A부터 Z까지, 32권을 통틀어 읽는 것이 가능하다. 하지만 매일 수많은 게시물이 추가되는 위키피디아를 두고는 이런 시도 자체가 불가능하다.

위키피디아 사용 매뉴얼

사람들은 대부분 검색을 하다가 위키피디아로 들어가서 검색에 걸린 문서를 한번 읽어보는 선에서 그칠 것이다. 위키피디아를 적극적으로 활용하면 더 많은 것을 얻을 수 있는데 그걸 무심코 지나치는 것 같아 아쉽다.

탐색을 하려면 대문부터 살펴야 한다. 홈 화면엔 매일 선정된 '오늘의 게시물'이 걸린다. 2020년 첫 주에 홈 화면을 장식한 게시물 중에는 아프리카 사바나 지역에 서식하는 들개인 검은등자칼 이야기가 인상적이었다. 요절한 이탈리아의 화가 아메데오 모딜리아니의 〈누워 있는 누드〉가 2015년 11월 열린 뉴욕 경매에서 1억 7,400만 달러에 중국의 기업가 류이첸 회장에게 낙찰[Q42]되었다는 사실도 홈 화면을 통해 알게 되었다.

물수제비에 관한 게시물을 보면서는 어린 시절 시골에서 보냈던 방학을 떠올렸다. 2013년 9월 물수제비 세계 기록을 세운 사람은 미국인 커트 스테이너로 수면에서 무려 88번이나 튀겼다. 나보다 거의 80번을 더 튀긴 셈이다. 그의 돌은 수면을 튀어서 약 100m를 갔다. 그의 업적은 내가 어린 시절 꿈꾸던 기네스북에도 올랐다. 그는 나보다 더 오래 훈련했고 연구했으며 딱 맞는 돌을 찾기 위해 1만 개도 넘는 돌을 시험했다고 한다. 글을 읽으며 나도 돌 던지는 방법을 좀 바꿔봐야겠다고 생각했다.

역사, 지리, 스포츠, 과학 등 테마별 첫 화면도 홈 화면과 같은 방식으로 운영된다. 정기적으로 선별된 게시물이 첫 화면에 뜨고 읽을거리에 대한 정보도 제공된다.

내게 제일 좋아하는 섹션은 '알고 계십니까'다. 허무맹랑한 역사적 사실이나 알고 나면 깜짝 놀랄 수밖에 없는 이야기를 알려주는 코너다. 너무 사소할 때도 있지만 거의 대부분은 알아두면 좋은 것들이다. '알고 계십니까'에서 알게 된 정보 중 몇 가지를 예로 들어보겠다.

한때 그린란드에서는 총인구 6만 명 중 1%가 한 건물에 살았다. 수도인 누크의 '블록-P'란 건물인데 320가구가 살았고 2012년에 철거되었다. 세계 건축사에 한 획을 그은 예술학교 바우하우스의 주 수입원은 포스터다. 지금까지도 꾸준히 공장에서 생산되어 판매 중이다.

인류가 더 많은 온실가스를 배출해야 한다고 주장하는 이산화탄소 연맹 단체가 있다. 보수 성향의 미국 연구소로 산업계로부터 재정지원을 받는다는 설명을 읽고 나니 그 존립에 대한 놀라움은 사라졌다.

날개를 편 너비가 6*cm*에 달하는 코뿔소구더기파리는 아프리카에서 가장 큰 파리종이다. 그런데 숙주인 흰코뿔소와 검은코뿔소의 개체수가 줄어들면서 기생충 격인 이 파리도 멸종위기에 처했다.

위키피디아 홈 화면 왼쪽 귀퉁이에는 '임의의 문서로'란 버튼이 있다. 그걸 클릭하면 우연의 법칙이 적용된 교양을 쌓을 수 있다. 최근 몇 년간 위키피디아 게시물이 폭증하면서 꼭 알아야 할 내용의 비중이 크게 줄었다. 덩달아 우연에 몸을 맡겨 보석 같은 지식을 발견하게 될 확률도 심각하게 감소했다. 그럼에도 불구하고 가끔 이 기능을 사용해본다고 해서 나쁠건 없다.

자매 사이트인 위키미디어도 찬찬히 살펴보면 얻을 게 많다. 위키낱말사전Wiktionary은 독특한 단어조합, 유래, 예시, 번역 등을 제공하는 탁월한 사전이다. 위키인용집Wikiquote에는 검증이 잘 된 인용구들이 방대하게 수집돼 있다. 학습 플랫폼인 위키배움터Wikiversity에선 강의 형식으로 구성된 다양한 학습 자료를 찾을 수 있고, 그중엔 세계적으로 유명한 교수들의 강의도 포함돼 있다. 심지어 위키여행Wikivoyage을 통해 다음 휴가를 준비할 수도 있다. 독일어판 위키피디아는 퀴즈도 낸다!

구글 100% 활용하기

이제 '구글링'은 기본적인 디지털 기술 중 하나가 되었고, 심지어 2004년부터는 독일 사전에 동사로 포함되었다. 구글 검색창에 검색어를 넣으면 알고리즘은 심층적인 분석을 단숨에 끝내고선 엄청나게 많은 제안을 쏟아낸다. 하지만 이 캘리포니아 출신 검색 엔진은 단순한 검색 외에도 할 수 있는 게 많다.

최근 들어 내가 정보 출처로 애용하는 서비스는 '구글 트렌드Google Trends'다. 특정 기간 중 어떤 단어가 가장 많이 검색되었는지를 보여주는 서비스다. 사람들의 관심사를 절대적인 숫자는 물론 상대적인 숫자로도 보여주는 추적기인 셈이다. 이 서비스는 여러모로 활용된다. 기업에겐 소비자 유형을 파악하거나 수요를 예측하는 자료가 되고, 연구자에겐 정보로 가득 찬 보물 창고다.

하물며 사람들의 검색 행태를 분석하면 독감 유행을 예측할 수 있다는 연구 결과도 나왔다. 사람들이 독감과 관련된 단어를 검색하는 빈도가 상대적으로 높아지면 관련 증상으로 병원을 방문하는 횟수도 증가한다. 생활 속에서 검색 서비스를 사용하는 일이 잦아지다 보니 그 결과는 점점 더 설득력 있고 믿음 직한 자료가 되어간다.

나는 미처 알지 못했던 지식의 구멍을 발견하고 그간 눈여겨보지 않았던 중요한 인물이나 최신의 주제들을 접하는 데 구글 트렌드를 유용하게 쓴다. 가끔 시사 프로그램이 너무 시끄럽게 느껴지거나 TV에 출연하는 정치인들이 유독 반갑지 않을 땐 미디어를 끄고 구글 트렌드를 만나도 좋다. 이 서비스는 격렬한 논쟁이 벌어지는 주제에 관해선 시간차를 두고 주목하기 때문이다. 그뿐 아니라 최신 연예 뉴스, 히트곡, 스포츠 경기 결과, 시장의 새로운 소식 등도 상세히 다룬다.

게다가 구글은 각각의 검색어를 적절한 기사와도 연결시

키기 때문에 짧은 시간 안에 심층적인 정보를 건질 수 있다. 무엇보다 트렌드 검색을 나라별, 시간대별로 변경하거나 제한할 수 있어서 프랑스나 미국 사람들 중 누가, 무엇을 하고 있는지도 관찰이 가능하다. 매일의 트렌드를 뉴스레터로 받아볼 수도 있다.

여러 박물관과 미술관을 가상 관람할 수 있는 '구글 아트 앤드 컬처Google Arts & Culture' 서비스도 있다. 이 서비스는 세계적으로 유명한 문화 유적지 2,000여 곳에서 발굴한 예술 작품 1만여 개를 높은 해상도로 보관한다. 최근엔 그림으로 십자퍼즐을 하는 '비주얼 크로스워드' 등의 게임 요소까지 추가되어 디지털 관람이 좀 더 유익하고 재미있어졌다.

떠먹기 좋은 구글

비록 검색 엔진의 서비스는 언제라도, 공짜로 이용할 수 있다지만 우리가 모든 정보를 탈탈 털 수는 없다. 그래서 나는 평소에 관심을 두던 주제에 '알면 좋은 지식', '흥미로운 사실', '웃긴 사실' 등의 단어를 접목하여 검색한다.

포털 사이트나 신문은 물론이고 열혈 팬들도 어떤 대상에 대한 매력적인 정보를 나누기 위해 많은 노력을 기울인다. 특히 기자들은 기념일, 혹은 출판이나 방송 예정일, 이

벤트 등으로 인해 특정 정보에 대한 수요가 증가할 때를 대비하여 미리 관련 기사를 작성한다. 사람들은 접시에 보기 좋게 올려놓은 검색 결과를 그저 즐기기만 하면 된다.

위대한 순위와 놀라운 사실들로 가득한 지식 창고의 문은 이미 우리 앞에 활짝 열려 있다. 우리는 찾는 법만 알면 된다. 내가 찾은 재미있는 사실들을 간략하게 소개하자면 이렇다.

〈스타워즈: 에피소드 1-보이지 않는 위험〉에는 스티븐 스필버그의 또 다른 영화 〈E.T〉의 주인공 이티가 공화국 의회 의원으로 등장한다. 베스트셀러 작가 스티븐 킹은 심슨을 그린 맷 그레이닝과 함께 록 보툼 리멘인더스Rock Bottom Remainders란 밴드를 결성했다. 둘 외에도 다수의 작가, 기자, 각본가 등 다수의 유명인들이 참여한 이 밴드 이름은 아이러니하게도 '형편없는 재고 상품'이란 뜻이다.

배우 틸 슈바이거가 독일 형사드라마 〈타트 오르트〉에 경관으로 출연해 처음으로 한 대사는 '젠장'이었고, 괴츠 게오르그가 마지막으로 한 대사는 '빌어먹을'이었다. 1925년부터 1936년까지 파리의 에펠탑은 '시트로엥'으로 환하게 빛났다. 자동차 회사 시트로엥이 백열전구 25만 개를 동원해 알파벳을 나열한 것이다. 이는 최초의 에펠탑 옥외광고로 당시 세계에서 가장 큰 조명 표지판이 되어 40*km*떨어진 곳에서도 시트로엥을 볼 수 있었다.

모두 검색어를 알기만 하면 간단한 구글링으로 확인할 수 있는 재미있는 사실이다.

Q&A

Q40 위키피디아Wikipedia란 단어는, 백과사전Encyclopedia의 접미사 'pedia'와 어떤 섬 언어에서 '빨리'라는 뜻으로 쓰이는 단어 '위키위키wikiwiki'를 합성한 것이다. 음소가 13개에 불과하여 뜻을 구별할 수 있는 음가도 몇 개밖에 없는 이 언어는?

Q41 남아공 출신의 테슬라의 회장인 이 인물은 아홉 살에 벌써 브리태니커 백과사전을 통독했다고 주장한 바 있다. 퀴즈 챔피언십에서 그 지식을 선보였으면 하는 이 사람은 누구인가?

Q42 레오나르도 다빈치의 〈살바토르 문디〉는 역사상 가장 비싼 가격에 팔린 미술품이다. 러시아 기업가인 드미트리 리볼로프레프가 2017년 무하마드 빈 살만 사우디아라비아 왕세자에게 4억 5,000만 달러에 판매한 이 그림은 무엇을 그린걸까?

A40 하와이어. 독일의 자연과학자이자 시인 아델베르트 폰 차미소가 1837년 보고서 〈하와이 언어에 관하여〉에서 발표하면서 처음으로 하와이어 문법이 정립되었다.

A41 일론 머스크. 이 다재다능한 기업인의 회사 중 하나인 보링 컴퍼니는 터널 굴착회사로 초고속 진공 열차 '하이퍼루프Hyperloop' 프로젝트를 실현 중이다.

A42 예수 그리스도. 레오나르도 다빈치가 그린 것 중 개인에게 소장된 몇 안 되는 그림 중 하나다. 지금은 어디에 보관되어 있는지 알려지지 않는다. 다만, 스위스 보관소나 무하마드 빈 살만의 럭셔리 요트에 있을 것으로 추측된다.

5 소셜 미디어를 배움터로

페이스북, 인스타그램, 유튜브와 같은 소셜 미디어 플랫폼은 보통 시간 낭비의 주범으로 여겨진다. 시간이 잡아먹히는 걸 알면서도 중독성 때문에 헤어나오기가 쉽지 않다. 소셜 미디어를 끊을 수 없다면, 그래도 걱정 말라. 인스타그램을 하면서도 시간을 활용했다고 느낄 수 있다.

나쁜 점도 배울 점이다

포르투갈Q43 출신 축구 선수 크리스티아누 호날두는 인스타그램Q44 팔로워 숫자로도 최정상급이다. 3억 9,200만 명이 그의 게시물을 구독한다. 그는 정기적으로 자기 복근이나 가족, 수집 중인 팬티 사진을 계정에 올린다. 팝스타 아리아나 그란데와 전직 레슬러이자 사업수완도 좋은 배우인 드웨인 존슨, 영화배우이자 가수인 셀레나 고메즈가 그다음을 차지한다. 리얼리티 쇼를 통해 스타가 된 카일리 제너와 킴 카다시안도 각각 3억 8,000만여 명, 2억 8,000만여 명의 팔로워를 거느린다.

언뜻 유명인들의 사생활이나 엿보는 경로로 치부할 수도 있지만 소셜 미디어를 통해서도 유용한 지식을 얻을 수 있다. 일단은 일반 사용자들의 단순함이나 성공한 인플루언서들의 오만방자함에 대해 많이 배우게 된다.

가끔은 광고가 너무 많아 TV 방송에서 광고만 연달아 나오는 걸 보는 기분이 들기도 한다. 효능이 의심스러운 햄프오일부터 고가의 차車에 이르기까지 소위 '셀럽'들이 광고하는 상품은 종류도 가지각색이다. 그에 비하면 오히려 홈쇼핑 채널이 진실하고 정직해 보일 정도다. 〈배첼러〉, 〈빅 브라더〉, 〈베를린의 낮과 밤〉 같은 TV 프로그램에서 우스꽝스러운 연기력을 선보였던 주인공 중 다수가 소셜 미디어를 통한 상품 팔이에 뛰어들었고 엄청난 성공을 거두었다.

하지만 이 허영의 도가니에도 희망의 여지는 있다. 미국

내셔널 지오그래픽 소사이어티와 동명 잡지는 세계에서 열세 번째로 많은 팔로워(2억 300만 명)를 갖고 있다. 매일 계정에 올라오는 눈부시게 멋진 사진에 사람들은 열광한다. 멸종위기 종의 삶, 숨 막히는 자연경관, 지구촌 이곳저곳의 긴급한 사회문제를 주로 다루는 이 계정은 게시물에 그림만 올리는 게 아니라 자세한 설명을 통해 교육적 내용을 전달한다.

내셔널 지오그래픽만이 유일한 희망은 아니다. 인스타그램을 비롯한 여타 소셜 미디어에서 적극적으로 활동을 펼치는 교육기관은, 뉴욕 현대미술관부터 독일 정치교육 센터와 막스 플랑크 협회(과학 진흥을 도모하는 독일 독립 연구 기관 연합회)에 이르기까지 1,000개가 넘는다. 지식을 다루는 인플루언서들은 그저 인터넷 밈meme을 유포하는 것을 넘어서서 유용한 정보를 전달하는 역할을 제대로 해내는 중이다.

예컨대 네덜란드의 미술 교사 유르겐 페르메어는 매일 흥미로운 예술 작품 한 점과 그 의미 혹은 역사에 관한 설명을 인스타그램에 게시한다. 젊은 영국인 엘리사 앤드류는 '아이에프엘사이언스Iflscience'란 계정에서 자연과학상의 흥미로운 발견들을 포복절도할 방식으로 소개한다. '나는 과학을 엄청 사랑해I Fucking Love science'란 제목이 청소년에게 적절치 않다는 건 인정한다. 하지만 이 계정을 팔로우하는 사람은 제목을 그렇게 지은 심정에도 공감할 것이다.

방향 설정은 나의 몫

어차피 우리 모두가 온라인에 사회적 공간을 개설하게 될 것이다. 하지만 그래서 기껏 두바이 해변에 헐벗은 채 누워 있거나 돈을 받고 비싼 상품을 선전하는 인플루언서들이나 팔로우한다면 거기서 지식적 부가가치를 얻기는 힘들다. 잠깐 한눈팔거나 자극적인 것에 끌리는 것까지 막아설 이유는 없다. 당신이 좋아하는 인플루언서를 굳이 '언팔'할 필요는 없다는 뜻이다.

하지만 소셜 미디어에서 얻을 수 있는 지적 자극을 포기해선 안 된다. 그 안에는 지식을 얻을 무궁무진한 기회가 있다. 당신이 그 방향으로만 가면 지식도 당신을 팔로우할 것이다.

운 좋게도 내겐 퀴즈에 대한 열정을 공유한 친구들이 많다. 그들은 지식을 기꺼이 나누어준다. 내 페이스북 피드에는 흥미로운 정보와 추천링크가 언제나 넘쳐난다. 베를린에 사는 친구는 매일 그날이 생일인 뮤지션을 찾아서 차트상 순위나 흥미로운 관련 정보를 공유한다. 때론 유튜브에서 음악을 들어볼 수 있도록 링크를 남긴다. 그의 게시물을 통해 독일 싱글 차트에서 가장 큰 성공을 거둔 히트곡이자 독일 연말 차트 톱10에 든 유일한 영어 노래(1982년 발표된 영국의 일렉트로닉 록 밴드, 오케스트랄 맨웨브리스 인 더 다크OMD의 〈오를레앙의 소녀〉)도 알았다. 나만의 뉴스 피드에는 영화를 담당하는 친구도 있다. 그는 영화를 감상한 뒤 짧지만 정교한 비평을 게시한다.

당신도 소셜 미디어로 연결된 친구들에게 좋아하는 노래, 영화, 책, 장소, 운동선수나 게임에 관해 게시글을 올려달라고 부탁해보는 게 어떤가. 이런 호소가 충분한 지지를 받아서 최대한 많은 사람의 참여를 끌어낸다면 당신의 소셜 미디어는 추천작이 가득한 보물 상자가 될 것이다.

인터넷에서 언제라도 찾을 수 있는 수많은 '최고의 ○○○' 리스트와 달리, 이런 편집본은 우리가 알고 좋아하고 존경하는 사람들에게서 받은 것이라 의미가 깊다. 우리의 정서와도 연결된 이런 정보들은 그에 대한 동의나 반대 의견을 제공자에게 직접 전달할 수 있다는 점에서도 유익하다. 정보를 주고받다 보면 더 큰 결실을 얻을 수도 있다. 친구들과 이런 릴레이를 해본 적이 없다면 한번 시도해보길 권한다. 일단 당신부터 먼저 시작해보라.

Q&A

Q43 포르투갈에는 유럽 최대의 카지노가 있다. '제임스 본드' 시리즈의 작가, 이언 플레밍Ian Fleming은 2차 세계대전 중 연락 장교로 '이 도시'를 방문했었고, 이후 〈007 여왕폐하 대작전〉에 이 카지노가 배경으로 등장한다. '이 도시'는 어디인가?

Q44 팔로워 수 1위는 4억 6,300만 명이 구독하는 어떤 회사의 계정이다. 이 회사는 어디일까?

A43 이스토릴. 한편 이 영화의 주인공 죠지 라젠비는 007 시리즈의 제작자인 알버트 브로콜리와 미용실에서 우연히 만나 캐스팅되었다. 그러나 영화 출연 경험이 얼마 없었던 이 신인은 단 한 편 만에 1대 제임스 본드인 숀 코너리에게 배역을 다시 내주었다.

A44 인스타그램. 인스타그램에서 5,000만 명 이상의 구독자를 거느린 기업 혹은 상표로는 나이키(1억 1,600만), 레알마드리드(1억 700만), FC 바르셀로나(1억 400만), 빅토리아 시크릿(7,100만), UEFA 챔피언스 리그(8,600만), NASA(7,300만), 온라인 플랫폼 9GAG(5,300만) 등이 있다.

⑥ 일상 속 게임

누가 누가 많이 알까? - 이름 대기 게임

일상에서 무한히 반복할 수 있는 게임으로 '이름 대기'가 있다. 둘이서 하는 게임으로 한 가지 주제를 정하고 거기에 해당하는 대표 인물들을 번갈아 가며 대는 것이다. 예를 들어 독일 국가대표 축구 선수를 주제로 정하면 적어도 주고받기를 백 번은 할 수 있다. 로타어 마테우스, 비르기트 프린츠, 프란츠 베켄바워로 시작해서 미하엘 발락, 게르트 뮐러가 나오면 승부의 끝을 예감하게 된다.

나열할 목록이 복잡할 때는 제3의 검증인이 필요하다. 주제는 게임을 할 당사자들 관심사에 맞게 정하기 나름이다.

로마 황제 이름부터 오디션 프로그램 우승자, 혹은 알칼리 금속 이름 등 당신이 준비된 분야라면 무엇이든 가능하다.

미국은 물론 독일에서도 이 게임을 TV쇼로 만들려는 시도가 있었지만 모두 실패했다. 그런데도 여전히 대결 프로그램에선 이 종목을 애용한다. 얼마 전에도 나는 〈클루스만을 이겨라〉란 이벤트에서 7인조의 20개 팀과 이름 대기 대결을 벌여야 했다. 출제자는 〈퀴즈 추격전〉에 함께 출연하는 동료, 세바스티안 야코비였다. 나와 독일 퀴즈 챔피언십에 복식조로 출전해 세 번이나 우승컵을 안은 각별한 친구다. 나는 여러 팀을 맞아 DAX에 상장된 기업, 만화책 아스테릭스의 각 호, 달을 밟은 우주인, 올림픽 100*m* 경주 우승자 등의 이름을 대야 했다.

내가 어릴 땐 자동차를 타고 오래 가야 할 때면 아버지와 지명 대기 대결하는 걸 특히 좋아했다. 철자 'I'로 시작하는 나라 이름을 누가 더 많이 아는가? 국기에 빨강, 파랑, 하양이 들어간 나라를 누가 더 많이 아는가? 해발 4,000*m*에 영토를 둔 나라는 어디인가? 오로지 내 머릿속만을 뒤져서 지식을 찾아내는 과정도 교육적으로 훌륭했지만 고통스러운 패배도 값진 경험이었다. 시간이 흐르면서 점점 내가 더 많이 이겼고 머리를 쥐어짜서 나온 지식은 기억 속에 더욱 단단히 뿌리내렸다.

공수의 전환

이제 막 퀴즈에 열정을 품기 시작한 초심자들은 손에 잡히는 모든 퀴즈를 게걸스레 풀어댄다. 현장 대결이든 TV 출연이든 온라인 대회든 가리지 않는다. 몇몇은 퀴즈 대회가 열리는 맥줏집(일명, 펍 퀴즈)을 찾아 이 도시 저 도시를 돌아다닌다. 그러다 보니 친구에게도 못할 얘기를 동네 퀴즈 대회 우승자들끼리 허심탄회하게 나눌 때도 많다.

월요일엔 코티지, 화요일엔 레드라이언, 수요일엔 오코너스, 그리고 일요일엔 그 좋아하던 연속극도 뒤로 하고 피네간스**Q45** - 펍 퀴즈를 풀러 간다. 물론 아무것도 문제될 것은 없다. 그곳에서 만난 친구와 시원한 맥주 한 잔을 나눌 수 있다면 그만한 힐링이 또 어디 있겠는가.

뛰어난 퀴즈인들도 펍 퀴즈 우승으로 경력을 시작하곤 한다. 하지만 그들의 실력이 일취월장하는 순간은 공수를 전환하여 자기가 낸 퀴즈로 펍에 모인 관중들을 시험할 때다. 나는 지금까지도 베를린 펍에서 퀴즈를 내던 시절 만들어놓은 문제 수천 개를 보물처럼 생각한다. 그래서 나는 퀴즈 꿈나무들이 내게 최고의 훈련법을 물어올 때 스스로 퀴즈를 내는 것을 추천한다.

퀴즈 내기의 장점은 분명하다. 문제를 내려면 문제 속의 정보와 정답이 정확한지를 확인해야 한다. 관련 정보를 정말 깊이 살펴봐야지만 확인할 수 있다. 게다가 우리는 자기가 작성한, 즉 능동적으로 재생산한 내용을 훨씬 잘 기억한다. 조사하다가 추가로 흥미로운 사실이나 이야기를 발견한다면 그야말로 금상첨화다.

특별한 생일 파티와 색다른 선물

다음 생일 파티 때 손님들과 함께 작게나마 퀴즈 대결을 열어보는 건 어떤가. 부모님이나 조부모님이 한창 젊던 시절에 관한 문제를 내면 그분들도 즐거워하신다. 지난 시절 즐겼던 영화나 음악을 회상하면서 입가에 미소가 번지는 게 보인다. 당신 또한 친척 어른들이 지나온 시간에 대해 많은 것을 배울 수 있다.

퀴즈 대결을 어떻게 진행해야 할지 모르겠다면 게임 하나를 소개해주고자 한다. 얼마 전 알게 된 아이디어가 빛나는 이 게임은 적게는 네 명, 많게는 여섯 명이서 할 수 있다. 이른바 즉흥 퀴즈 게임이다.

1. 경기자들이 돌아가면서 키워드 형식으로 주제를 정한다. 주제의 범위가 '역사' 혹은 '지리'처럼 너무 광범위해선 곤란하고, '비올라를 연주하는 조지아의 정치인'처럼 너무 좁아서도 안 된다. '독일 축구 국가대표팀 선수' '이탈리아 요리' '90년대 음악' 등 그 중간지점이 제일 좋다.

2. 모든 경기자는 2~3분 생각할 시간을 갖고 그동안 키워드와 관련된 퀴즈를 작성한다. 당연히 구글의 도움을 받아도 된다. 다만 모든 문제는 동시에 작성해 사전에 제출해야 한다.

3. 돌아가면서 문제를 낸다(구글의 도움은 받지 않는다). 정답을 맞힌 사람은 1점을 얻는다.

4. 문제를 낸 사람도 평가를 받는다. 모두가 다 맞힌 문제는 너무 쉬우므로 0점, 모두가 다 틀린 문제는 너무 어려우므로 0점이다. 그 외 점수는 경기자 인원에 맞춰 정한다. 예컨대, 네 명이서 경기를 할 때 한 명이 정답을 맞히면 출제자가 1점을, 두 명이 정답을 맞히면 출제자가 3점을 받는다.

5. 경기자들이 모두 해당 키워드에 대한 문제를 출제하고 나면 한 라운드가 끝난다.

6. 새로운 키워드로 다음 라운드를 진행한다.

7. 사전에 협의한 라운드를 채우거나 일정한 점수를 먼저 달성하면 게임이 종료된다.

이 게임의 관건은 너무 쉽지도, 그렇다고 너무 어렵지도 않은 문제를 내는 데 있다. 한 사람을 기준으로 난이도를 설정하는 전략으로는 성공을 거둘 수가 없다. 이 게임은 지식을 측정하는 데에서 한 발 더 나아가 같이 경기하는 사람을 얼마나 잘 알고 그 수준을 어떻게 평가하는지를 알아보는 시험이다. 단, 게임이 소기의 목적을 달성하려면 경기자 모두가 다른 사람이 낸 퀴즈를 맞히려고 최선을 다해야 한다.

지인 생일에 지식을 선물하는 것도 좋은 방법이다. 친구가 생일을 맞았다면 그 날짜에 일어난 중요한 사건이나 같은 날 태어난 흥미로운 역사적 인물을 역사책에서 찾아보라. 그리고 생일의 주인공이 기분 좋도록 적당히 이야기를 구성해서 생일 카드에 적어보라. 지식을 신선하게 포장하는 나만의 방법이다.

나는 내게도 지식을 선물한다. 역사책을 훑어보니 빌리 브란트 서독 총리의 보좌관이었던 귄터 기욤이 실은 동독의 국가안보국 요원이었다는 사실이 1974년 내 생일과 같은 날에 밝혀졌다. 같은 날 22시 55분, 포르투갈 라디오에선 '유로비전 송 콘테스트'에 포르투갈 대표로 참가했던 파울로 드 카르발류의 노래 〈그리고 이별 후에〉가 흘러나왔다.

너무 사소하다고? 그럴 리가! 이 노래는 카네이션 혁명의 시작을 알리는 비밀 신호였다. 쿠데타 혁명은 독재자의 퇴각으로 이어졌다. 하지만 군부를 대신해 세워진 임시 정부가 자꾸만 바뀌다가 1976년 민주 선거를 통해 제3공화국이 수립되었다.

주기율표 재해석

주기율표상 원소기호를 조합하여 자기 이름을 만들어본 적이 있는가? 셀레늄, 바륨, 황, 티타늄, 아다만티움, 그리고 질소로 만들 수 있는 것은? 그렇다, 내 이름이다. 각 원소의 기호인 Se, Ba, S, Ti, A, N을 나열하면 고대 그리스에 뿌리를 둔 내 이름Q46이 완성된다. 이 소소한 연습을 통해 당신은 화학적 질서 체계를 다시 한번 확인하고 당신만을 위한 원소를 찾아볼 수 있다.

그중 바륨과 브롬은 최근 몇 년간 전에 없던 주목을 받고 있다. 배우 브라이언 크랜스톤이 마약왕으로 변신한 화학교사 월터 화이트Q47 역할을 맡아 큰 인기를 모은 TV 드라마 시리즈 〈브레이킹 배드〉의 로고에 떡하니 바륨과 브롬의 원소기호가 등장한 덕분이다.

하지만 내 이름을 조합할 때는 꼼수를 좀 썼다. 나를 가

르쳤던 화학 선생님이 알면 뒷목을 잡을 테니 알아서 고백하겠다. '아다만티움'은 주기율표엔 없는 가상의 원소다. 하지만 그리스 시인 헤시오드가 서술한 그리스 신화에는 등장하며 J.R.R. 톨킨의 〈반지의 제왕〉이나 마블의 세계관에서도 언급된 적이 있다. 이 원소의 도움을 받지 않고선 도저히 내 이름을 조합할 수 없었다. 이 게임의 단점이라면 단점이다.

최근 몇 년 사이 자주 듣게 되는 어떤 이름은 화학 원소로 조합하기 매우 간단하다. 많은 원소도 필요 없다, 베릴륨Beryllium과 질소Nitrogen만 있으면 된다. 어떤 이름인지 짐작하겠는가? 지난 10년간 독일에서 태어난 남자 아기에게 가장 자주 붙여진 이름은 바로 벤Ben**Q48** 다. 자, 이제 당신 차례다. 당신 이름에는 어떤 원소가 필요한가?

동명이인 공부법

이름 얘길 좀 더 하자면 도대체 이름을 외울 수가 없다고 투덜거리고 좌절하는 사람들이 많다. 스테디셀러 《인간관계론》을 쓴 작가 데일 카네기는 실제로 이것이 심각한 결과를 낳을 수도 있다고 주장한다. 각자에게 자기의 이름은 "그 사람의 사전에서 가장 아름답고 중요한 단어"라고 했다.

이름을 부를 때 우리는 그 사람을 안다는 신호를 정확하게 전달하고 더 좋은 인상을 남길 수 있다. 반대로 누군가 우리의 이름을 잊었을 때, 우리는 일단 당황하고 상대에게 실망할 뿐 아니라 때로는 모욕을 당한 것 같은 기분이 들기도 한다.

수많은 정치인이 이 가르침을 확실하게 내면화했다. 빌 클린턴 전 미국 대통령은 정치 초년생일 때부터 주요 인사 수천 명의 이름과 간단한 정보를 작은 수첩에 적어 다닌 것으로 유명하다. 몇 년을 그렇게 하다 보니 그 메모는 인맥을 유지하는 데 없어선 안 될 기록이 되었을 뿐 아니라 한 번 봤던 사람을 다시 만났을 때 친밀하게 다가갈 수 있는 근거가 되었다. 특히 지역구 국회 의원은 주민과 친해야 점수를 딴다. 선거 운동을 할 때 악수하는 사람의 이름을 부를 수 있다면 한 표를 얻는 데 큰 도움이 될 것이다.

다른 사람의 이름을 기억하는 동시에 상식도 쌓는 데 도움이 되는 작은 트릭을 소개할까 한다. 바로 동명인 유명인을 활용하는 것이다. 예를 들어, 당신이 제바스티안이란 이름의 남자를 새로 알게 되었다면 선택지는 매우 다양하다. 스릴러 작가 피체크부터 오스트리아 총리인 쿠어츠[Q49]와 밴드 디 프린첸의 보컬 크룸비겔, 그리고 자동차 경주 선수 베텔까지 모두 성은 달라도 이름은 제바스티안이다. 축구계에는 성이 각각 다이즐러, 케흘, 루디인 세 명의 제바스티안이 있다.

누군가를 처음 만나면 연결해볼 만한 유명인을 찾아보라. 물론 그 연결이 타당해지려면 유명인에 대한 지식이 필요하다. 그 지식이 많을수록 다리를 놓기도 한결 수월하다. 연결은 다양한 방식으로 가능하다. 외모상 특징으로 연결을 지을 수도 있지만 상상의 나래를 펼쳐서 전혀 다른 방향을 시도할 수도 있다. 중요한 것은 단 하나, 파티에서 만난 제바스티안을 다른 유명인 제바스티안과 잘 엮어서 머릿속에 저장하는 것이다. '마태 효과'는 여기서도 유효하다. 자주 할수록 더 잘할 수 있다.

독일에서는 이름보다 성[姓 Q50]을 외우기가 훨씬 어렵다. 종류가 굉장히 다양하기 때문이다. 그래도 찾다 보면 같은 성을 쓰는 흥미로운 인물을 발견할 수 있을 것이다. 내 단짝의 성인 '블룸'은 흔하기로는 200위 안에 들어갈 것 같다.

덕분에 시인 로베르트 블룸을 알게 되었다. 그는 독일에서 처음으로 자유 선거를 통해 선출된 프랑크푸르트 국민

의회 일원으로 공화주의와 민주주의 발전에 열정적으로 투신했다. 1848년 10월 혁명에 가담한 그는 같은 해 군법에 의해 처형됨으로써 자신의 신념을 목숨으로 갚았다. 또 다른 '블룸', 레옹 블룸은 1930~1940년대에 프랑스 총리를 세 번이나 역임한 정치인으로 나치에 맞선 프랑스 저항 세력의 수장이었다. 당신의 친구 혹은 지인의 이름은 어떤 유명인사와 겹치는가?

Q&A

Q45 아일랜드 작가 제임스 조이스의 소설 《피네간의 경야》는 독해도 번역도 불가능에 가까운 책으로 여겨진다. 노벨 물리학상 수상자인 머레이 겔만은 새로 발견한 입자의 이름으로 이 작품에 등장한 단어를 선택했다. 정확한 구절은 '머스터 마크에게 ○○ 석 잔(Three ○○○○○ for Muster Mark)'이다. ○○에 들어갈 단어는?

Q46 제바스티안은 '존엄한'이란 뜻의 그리스어 '세바스토스 Sebastos'에서 나왔다. 같은 곳에서 파생된 라틴어 이름을 칭호로 받은 로마의 황제 이름은?

Q47 월터 화이트의 가명으로 1932년 양자역학을 창시해 노벨 물리학상을 받은 독일 물리학자의 이름은?

Q48 친구 맷 데이먼과 함께 시나리오를 쓴 영화 〈굿 윌 헌팅〉으로 1998년 아카데미 오리지널 각본상을 받은 '벤'은 누구인가?

Q49 1987년생 제바스티안 쿠어츠는 정부 수장으로서 세계 최연소다. 1984년생으로 세계 최연소 국가 원수는 누구인가?

Q50 인구의 40%가량이 '응우옌Nguyen'이란 성을 쓰는 나라는 어디인가?

A45 쿼크Quark. 렙톤, 게이지 보손과 함께 모든 물질을 구성하는 기본입자에 속한다. 양성자 하나는 세 개의 쿼크로 구성된다. 쿼크 종류는 업Up, 다운Down, 스트레인지Strange, 참Charm, 보텀Bottom, 톱Top 여섯 가지다.

A46 아우구스투스. 최초의 로마 황제로 본명은 가이우스 옥타비우스이다. 마루쿠스 안토니우스, 마르쿠스 아이밀리우스와 함께 제2차 삼두정치를 구성했다.

A47 베르너 하이젠베르크. 그는 1925년 양자역학의 수학적

공식을 완성했다. 그로부터 2년 후에는 오늘날 '하이젠베르크의 불확정성 원리'라고 불리는 규칙을 정립했다. 입자의 위치와 운동량은 동시에 확실하게 결정되지 않는다는 원리다.

A48 **벤 에플렉.** 공동 제작자이자 주연을 맡은 영화 〈아르고 Argo〉로 2013년 그는 두 번째 오스카 트로피를 거머쥐었다.

A49 **김정은.** 한국 통신사 보도에 따르면 김정은은 집권 1년 동안 체중이 40*kg* 가량 증가했다.

A50 **베트남.** 응우옌 왕조는 베트남 최후의 왕조로 1802년에 건립해 1945년까지 명목상으로나마 존재하다가 프랑스 식민지와 함께 끝이 났다.

⑦ 공짜 인쇄물

아마도 내겐 인쇄물에 대한 집착이 있는 것 같다. 상점에 비치된 무가지만 보면 무엇에 홀린 듯 팔을 뻗게 되니 말이다. 당연히 그 대부분은 물건을 팔려는 목적이 뚜렷하다. 하지만 전자 상점에서 나눠주는 엔터테인먼트 잡지에는 음악과 영화, 비디오 게임에 대한 유용한 정보가 알차게 들어 있다.

햄버거가 나오길 기다리는 짧은 시간도 무가지와 함께라면 헛되지 않다. 패스트푸드계의 양대 체인점인 맥도날드와 버거킹은 독일에서 각각 신작 영화와 컴퓨터 게임, 최신 전자 기기 등에 대한 간략한 정보를 제공하는 잡지를 제공한다. 심지어 나는 가끔 읽을거리를 들고 오기 위해 일부러 이 두 곳에 간다. 그리고 잡지를 미끼로 햄버거를 사게 만드는 업계의 고전적인 수법에 말려들지 않으려고 갖은 애를 쓴다. 나는 지식만을 테이크아웃하고 싶다.

독일에서 제일 유명한 무가지로, 통계적으로 봤을 때 독일인이라면 한 번쯤 손에 잡아봤을 법한 잡지가 바로 〈아포테켄 움샤우〉다. 약국에 비치된 대중 과학 건강 잡지로 발행 부수가 무려 1,000만 부에 달하고 예상 독자는 그 두 배로 추정된다. 약국 무가지는 노인들을 주독자로 하고 정보를 빙자해 광고한다는 점에서 '은퇴자 만세' 혹은 '온 국민에게 압박스타킹!'이라고 부르며 조롱하는 사람들도 있다.

하지만 나는 사랑하는 할머니의 약통을 채워드리기 위해 약국에 들를 때면 할머니가 아니라 나를 위해 꼭 잡지를 챙긴다. 잡지를 읽다 보면 요실금, 요통, 변비 등에 대한 기사 외에도 대중이 간단하게 이해할 수 있도록 서술된 의학의 역사 혹은 최신의 발견에 관해 알게 된다.

그런가 하면 한 달에 두 번씩 자동차 클럽 아데아체 회원에게 무료로 배부하는 〈모토벨트〉도 독일에서 가장 영향력 있는 잡지 중 하나다.

박물관에서, 기차 안에서, 메일함에서

상업 시설에서만 무가지를 주는 것도 아니다. 〈쿤스트: 아르트〉, 〈쿤스트차이퉁〉과 같은 예술·문화 정보지는 박물관 입구에서 찾을 수 있다. 이런 잡지들은 독일 예술 전시에 관한 최신 정보를 일별하고 특집 기사를 통해 예술가나 예술적 흐름, 혹은 사상을 소개하고 역사적인 맥락에서 평가한다. 이외에도 많은 지방 자치 단체가 자기 지역의 문화 행사를 한 눈에 볼 수 있게 정리한 잡지를 제작한다. 보통은 점퍼나 바지 주머니에 딱 맞는 소책자에 해당 지역을 방문하기 전에 살펴보면 좋을 법한 정보들이 압축적으로 소개돼 있다.

나는 독일 안에서 기차여행을 할 때면 독일 철도 회사에서 제작한 〈모빌〉을 즐겨 읽는다. 이 잡지는 특히 독일에 대한 내 지식을 넓히는 데 많은 도움이 되었다. 나라 곳곳의 비경을 소개하는 멋진 사진과 영감을 주는 여행 제안, 그리고 유명인사에게 좋아하는 장소에 대해 묻는 인터뷰도 들어있다. 그러니 다음번 고속철도를 탔을 때 혹시 인터넷이 먹통이 되어 할 게 없다면 철도 회사에서 제공하는 읽을거리도 한번 읽어보시길.

당신의 '받은편지함'은 언젠가 한 번 물건을 구매한 적이 있는 회사들이 보낸 편지들로 가득할지 모른다. 가끔 그들이 권하는 쇼핑 아이템이 정말 필요할 때도 있다. 하지만 내 경우 대부분을 읽지 않은 채 그대로 휴지통으로 보내버린다.

하지만 뉴스레터는 광고와 달리 읽을 만한 가치가 있다. 거의 모든 일간지가 오늘의 뉴스를 이메일로 배달해주는 서비스를 무료로 제공한다. 물론 유료 서비스를 신청하면 온라인으로 제공되는 기사 전체를 볼 수도 있지만, 무료 회원에게 나눠주는 요약본도 충분히 읽을 만하다.

나는 매일 뉴스레터 열두 편을 훑어서 주로 정치, 경제, 문화, 과학, 기술 분야 기사를 골라 읽는다. 매일 아침 받은 편지함을 클릭하면 제일 먼저 신문사 편집장이 보낸 뉴스 브리핑을 읽는다. 마무리는 미국 매체의 경제 분석이다. 당연히 모든 뉴스레터를 다 읽을 수는 없다. 그럴 수 있다면 얼마나 좋을까.

지식을 얻는 출처

지식은 어디서든 얻을 수 있다! "내가 더 멀리 보았다면 그건 내가 거인의 어깨 위에 올라섰기 때문이다." 천재 물리학자 아이작 뉴턴은 1676년 2월 동료인 로버트 훅에게 쓴 편지에 이토록 겸손한 말을 남겼다.

오늘날엔 지식을 제공하는 양질의 서비스들이 수없이 많고, 그것을 잘 활용하기만 하면 지식에 열망이 있는 누구나 일반교양을 쌓을 수 있다. 당연히 이 영국 과학자를 비롯한 그 시대 사람들보다 훨씬 편리한 방식으로.

나는 지식을 확대 재생산하는 능력자들 모두에게 감사하다. 비단 나만 덕을 보는 게 아니라 우리 누구나 그 정보에 접근할 수 있다는 점에서 감사하다. 하지만 이런 발전에도 그늘은 있다. 무엇보다 너무 많은 정보가 순식간에 몰아

닥치니 길을 잃기가 쉬워졌다.

광범위한 상식을 두루두루 갖춘 사람을 만날 때면 내가 잊지 않고 하는 질문이 있다. 새로운 것을 배우려고 할 때 찾게 되는 정보처를 있는지 묻고, 그중 가장 선호하는 세 가지만 알려달라고 부탁한다. 그러면 여태껏 알지 못했던 환상적인 교육 서비스가 아직도 남아 있다는 사실에 종종 놀라곤 한다. 이제 내가 정보를 얻는 출처를 독자와 공유하려 한다. 내가 정기적으로 지식의 갈증을 해소하는 도구이다.

학습할 때 양질의 정보를 입수하는 것만큼 중요한 것도 없다. 학습 자료가 흥미롭지 않으면 유능한 두뇌는 쉽게 피로를 느끼고 호기심은 사그라진다. 정교하게 구성된 지식은 두뇌에서 수월하게 소화될 뿐 아니라 더 다양한 지식에 대한 식욕을 돋운다.

다만, 내가 출처를 나열한 순서를 우선순위로 이해하진 않았으면 좋겠다. 정보의 질을 평가하여 등수를 매긴 것이 아니다. 또한 뛰어난 서비스가 워낙 많다 보니 목록을 추리기도 쉽지 않았다. 언급된 출처의 4분의 1만 규칙적으로 활용해도 짧은 시간 안에 엄청나게 많은 것을 배울 수 있을 것이다. 이 책을 읽는 모두가 외국어 서비스에 접근할 수 없으리라는 것을 나도 안다. 하지만 그중 몇 가지는 자막을 제공하고 있다. 이런 서비스를 이용하다 보면 배울 기회도 되기 때문에 굳이 제외하진 않았다. 내 소중한 정보원에서 당신도 많은 지적 자극을 얻어가길 바란다.

교양서

고전으로 꼽히는 교양서를 빼고선 상식을 논할 수 없다. 나는 담긴 지식의 밀도가 높아서 가급적 다양한 지식의 영역으로 접근하게 해주는 책에 우선으로 초점을 맞췄다. 여기서 언급한 책 또한 광범위한 참고문헌을 바탕으로 쓰였고 저마다 그 목록을 끝머리에서 공개하고 있다. 책의 세계를 관통하는 놀라운 여행의 출발점이 여기에 있다.

① 《거의 모든 것의 역사》 - 빌 브라이슨

미국 언론인이자 작가인 빌 브라이슨에게는 복잡한 사실관계를 쉽게 풀어서 굉장히 유쾌한 방식으로 대중에게 전달하는 특별한 재능이 있다. 무엇보다 여행기로 이름을 알리고 찬사를 받은 이 작가는 서른 개 챕터를 통해 자연과학 지식을 망라하여 전달한다. 특히 교양 입문자들에게 적합한 읽을거리다. 다채로운 일화를 많이 소개하고 복잡한 공식들을 과감하게 제외했다.

② 《생각의 역사》 - 피터 왓슨

영국의 언론인 피터 왓슨은《생각의 역사》를 통해 실로 대단한 업적을 이루었다. 1,200페이지가 넘는 이 두툼한 책은 인류의 지적 발달 단계에서 있어 가장 중요하다고 여겨지는 구간과 측면을 노련하게 그려나간다. 그 과정에서 그는 인간의 사상에 영향을 미친 중요한 작품들을 소개하고 분류한다. 이 책만 있으면 도서관에 안 가도 될 정도다. 혹은 이 책을 바탕으로 도서관 하나를 세울 수도 있다.

③ 《1kg 문화: 석기시대부터 오늘날까지 가장 중요한 지식 1Kilo Kultur: das wichtigste Wissen von der Steinzeit bis heute》 - 플로렌스 브라운슈타인 & 장프랑수아 페핀(국내 미출간)

《1Kg 문화》는 헤비급 교양서다. 한 입에 꿀꺽 삼키기엔 너무 많은 양이다. 심지어 1kg이란 무게는 겸손이다. 내가 저울로 확인해본 결과 500g이 더 나갔다. 책에서 500g은 무시할 수 없는 무게다. 이 책을 공동으로 쓴 프랑스인 작가들은 1,000페이지에 걸쳐 역사와 예술, 그리고 문화에 초점을 둔 세계 역사를 펼쳐나간다.

한번에 이 책을 다 읽을 엄두를 내긴 어렵다. 하지만 볼드체를 적극적으로 활용한 본문 구성 덕분에 지식을 상기하거나 새로운 것을 발견하고 싶을 때면 언제나 다시 펼쳐 보고 싶은 책이다. 문화 편에선 서구 유럽에 관한 지식이 압도적이었지만, 역사 편에선 비서구권 문화에 비교적 많은 비중을 둔 것이 특히 반가웠다.

④ 《실크로드 세계사》 - 피터 프랭코판

영국의 역사가 피터 프랭코판은 이 치밀한 책으로 세계사에 대한 관점의 축을 바꾸었다. 그는 유럽 중심의 관점을 버리고 세계에서 가장 인구가 많은 대륙을 중심으로 역사에 다시 접근한다. 그래서 근동과 중동의 고대 제국, 그리고 실크로드의 고대 제국을 역사적 발전의 중요한 출발점으로 삼았다. 접근법을 바꾸자 이미 우리가 잘 알고 있다고 여겼던 공간이 새롭게 조명되었다. 이 책을 읽다 보면 지식만 얻게 되는 것이 아니라 우리가 역사를 조망하는 틀에 대해서도 새삼 고민하게 된다.

⑤ 《커넥토그래피 혁명》 - 파라그 카나

정치학자이자 전략 전문가인 파라그 카나는 세계적으로 인정받는 지정학 사상가다. 또한 세계 곳곳의 강단에 서는 인기 연사이기도 하다. 이 책에서 그는 세계 정치의 맥락, 국제 경제의 흐름 그리고 주요 문화 인프라 간의 연결에 관해 구체적으로 서술한다. 지리학자 부모 슬하에 태어난 아들답게 그는 자신만의 새로운 통찰을 지도와 그래픽을 통해 알기 쉽게 전달한다. 이 책의 거의 페이지마다 지식의 지평을 넓힐 수 있는 새로운 사실들이 제시된다.

⑥ 《언어의 제국: 세계 언어사Empires of the Word: A Language History of the World》 - 니콜라스 오스틀러(국내 미출간)

영국인 언어학자이자 교수인 니콜라스 오스틀러는 이 책에서 인류의 역사를 언어의 역사로 조망한다. 산스크리트어부터 아랍어, 그리고 중국어에 이르기까지, 세계의 언어는 역사의 흐름에서 때론 분리하는 힘으로, 때론 결합하는 힘으로 작용했다. 이 책은 언어의 발전과 기능에 관한 흥미로운 정보로 가득하다. 그렇다고 주된 역사적 흐름을 소홀히 다루진 않는다. 오히려 다양한 관점에서 논의된 역사가 더욱 입체적으로 다가온다.

⑦ 《총.균.쇠》 - 재레드 다이아몬드

미국 대학교수이자 진화생물학자인 재레드 다이아몬드는 팔방미인 지성인이다. 생존하는 교수 중 그만큼 다양한 영역의 지식과 가설을 새로이 엮어낼 수 있는 인사는 없다 해도 과언이 아니다. 이 책을 통해 독자들은 엄청난 지식뿐 아니라 새로운 지적 자극도 얻을 수 있다. 다이아몬드는 지리적 결정론상의 방대한 이론을 풀어나가면서 인간사회가 다양한 모습으로 발전하는 근거를 지리적 환경, 기후 혹은 생태계 등 외부적 환경 요인에서 찾는다. 물론 이 명제에선 그 어떤 모순도 찾을 수 없다. 그는 이 책으로 1998년 퓰리처상을 수상했다.

⑧ 《우리 본성의 선한 천사》 - 스티븐 핑커

캐나다 출신 진화 심리학자인 스티븐 핑커는 현재 하버드 대학에서 학생들을 가르친다. 또한 수많은 책의 저자이기도 한 그는 '폭력에 대처하는 우리의 방식이 바뀌었는가' 라는 질문을 바탕으로 인류 문명의 전체 역사를 새로이 구성한다. 집단적·개인적 폭력의 유형에 대한 광범위한 연구 끝에 그가 도달한 결론은 인류 역사에서 폭력이 지속해서 감소해왔다는 것이다. 미래에 대해 용기를 갖고 싶거나 더 많이 알고 싶은 사람에게 이 인상적인 역사서를 추천하고 싶다. 두꺼운 교양서 중 이만큼 구성이 탄탄하고 탐구심을 자극하는 책도 드물다.

⑨《국가는 왜 실패하는가》 - 대런 애쓰모글루 & 제임스 A. 로빈슨

미국 대학에서 학생들을 가르치는 경제학자 애쓰모글루와 정치학자인 로빈슨은 수많은 사례 연구를 이용하여 지속적인 경제 성장과 번영, 그리고 국가의 지속적 존립을 보장하는 것이 일차적으로는 정치 제도라는 점을 증명한다. 역사를 관통하는 긴 여정은《총, 균, 쇠》에 대한 화답으로도 읽힌다. 물론 이처럼 단순한 세계관에 근본적인 회의를 제기할 수도 있다. 이 유명한 미국 교수들의 책을 읽다 보면 다양한 시대와 지역의 역사에 관한 지식을 폭넓게 확장할 수 있으니까.

⑩《사피엔스》&《호모데우스》 - 유발 노아 하라리

이스라엘 출신 역사가 유발 노아 하라리의 책들은 앞서 소개한 다른 책들과 분명 결이 다르다. 이 책엔 팩트의 밀도가 높지 않다. 책을 읽은 후에도 전통적인 의미에서 지식이 향상되는 경험은 할 수 없을 것이다. 하지만 하라리의 책을 읽으면 지식을 새로이 생각하게 된다. 우리를 새로운 사고의 길로 이끄는 더없이 중요한 기여다. 계몽적인 의미에서 이 책은 우리의 정신을 새로이 가다듬어 현재와 미래를 해박한 시선으로 바라보게 해준다.

애플리케이션, 웹사이트, 유튜브

모바일 애플리케이션과 웹사이트를 일상적 학습에 적용하지 않는다면 엄청난 기회를 놓치는 셈이다. 다음 열 가지 무료 서비스는 당신의 일상에 지식뿐 아니라 재미와 즐거움을 배가시켜줄 것이다.

① 스포클Sporcle

믿기 힘들겠지만 이 웹사이트는 무려 80만 개의 퀴즈를 보유하고 있다. 34억이란 조회 수가 그 인기를 증명한다. 오늘날까지 가장 인기가 좋은 건 퀴즈의 조상 격인 '이름 대기'다. 유럽 국가 이름을 모두 대는 게임이 대표적이다.

듣기만 해선 투박하게 느껴질지도 모르겠다. 하지만 사용자의 편의를 세밀하게 고려해 구성된 웹사이트는 예상보다 훨씬 더 큰 즐거움을 제공하고 심지어 중독적이다. "이런, 또 나라 하나를 빼먹었군. 처음부터 다시!" 다양한 분야의 퀴즈를 제공하는 이 웹사이트는 또한 멀티미디어를 적극적으로 활용한다. 장르를 가리지 않는 기발한 퀴즈에는 사진이 포함돼 있을 때가 많고 때론 오디오 장치가 동원된다.

② 프리라이스Freerice

공부하면서 동시에 좋은 일도 한다? 애플리케이션 '프리라이스'와 함께라면 가능하다. 내가 학교에 다닐 때는 웹사이트를 통해서만 서비스 이용이 가능했는데, 퀴즈를 풀면서 영어 어휘력을 엄청나게 키울 수 있었다. 또한 단순히 단어 테스트만 하는 게 아니라 지리, 예술, 문학, 화학 등 여러 분야에 대한 지식도 점검할 수 있었다.

이 애플리케이션에선 정답 하나를 맞추면 쌀 10알이 기부된다. 너무 적지 않은가 할 수도 있지만, 유엔의 세계 식량 프로그램에 따르면 하루 쌀 2만 알이면 성인 한 명에게 충분한 영양을 제공할 수 있다. 한 사람이 심취해서 풀다 보면 하루에 2만 알을 기부하는 것도 가능하다. 그리고 물론 여럿이 함께라면 더 쉽다. 요즈음은 매달 1,000억 알 이상이 모인다. 육체적 굶주림과 정신적 굶주림을 동시에 해결하는 방법이다.

③ 칸 아카데미Khan Academy

전직 헤지펀드 매니저인 살만 칸이 설립하고 운영하는 칸 아카데미는 학습 관련 동영상 4,000여 개를 웹사이트와 유튜브 채널을 통해 무료로 제공한다. 수학, 자연과학, 역사,

경제에 관련된 강의가 주를 이룬다. 이 서비스는 칸이 조카들에게 온라인으로 과외를 해주다가 시작되었다. 과외 수업 다음에도 후속 질문이 이어지자 그는 아예 수업을 녹화해서 유튜브에 올렸다. 특출한 강의 능력에 폭넓은 지식까지 겸비한 그의 동영상은 엄청난 속도로 금세 퍼져나갔다.

이제 칸은 유튜브와 온라인을 통한 무료 교육서비스계의 선구자로 꼽힌다. 빌 게이츠는 그의 활동에 감명을 받았다고 밝히며 수백만 달러를 기부했다. 그의 사이트는 학창 시절 내가 꿈꾸던 정보원이다. 많은 학생과 교사들이 칸에게서 배움을 얻길 소망한다.

④ 이디엑스edX

이디엑스는 온라인 공개수업 플랫폼이다. 인터넷 접속만 가능하면 세계 어디서나 수업을 들을 수 있다. 본격적인 서비스는 미국의 유명 대학, 하버드 대학과 매사추세츠 공과대학MIT의 주도로 2012년 5월에 시작되었다. 현재는 140개 주요 기관에서 2,500개 이상의 온라인 수업을 제공하고 있으며, 수강생이 수료증을 요구하지 않는 한, 원칙적으로는 모두 무료다.

과정은 주당 정해진 학습 시간을 채우는 것으로 구성되

었지만 각자가 자신만의 학습 속도를 정할 수도 있다. 수업은 외국어나 프로그래밍 과정부터 경영학, 기계공학 강좌 그리고 사회과학이나 정신과학 분야 재교육까지 무척 다양하다. 가령 내 집 거실에 앉아 마드리드 프라도 미술관의 큐레이터로부터 유럽의 예술사에 관한 강의를 듣는 것도 가능하다.

⑤ 테드 토크TED Talks

각 분야의 전문가들이 자기 분야의 중요한 가설이나 사상, 혹은 새로운 사실에 대해 18분을 넘지 않는 선에서 간략하게 발표하는 재미있는 강연을 어디서 볼 수 있을까? 정답, '테드 토크'!

예전엔 문이 닫힌 강연장 안에서 비싼 강연료를 지불한 소수의 사람들만 들을 수 있던 강연을 이젠 온라인에서 누구나 무료로 들을 수 있게 되었다. 세계 여러 언어로 자막도 제공된다. 지역에서 조직된 테드엑스 행사까지 합치면 테드에서 당신이 고를 수 있는 강연은 5만 개가 넘는다.

빌 클린턴과 빌 게이츠, 그리고 나 역시 이미 테드 강연의 상징인 빨간 동그라미 안에 선 적이 있다. 그중 인기가 가장 좋은 강연은, 줄리안 트레저의 '사람들이 듣고 싶어 하게 말하는 법', 제임스 비치의 '스팸 메일에 답장하면 어떻게 될까', 그리고 메리 로치의 '당신이 몰랐던 오르가슴에 대한 열 가지'가 있다. 그야말로 정보와 오락을 겸비한 '인포테인먼트Infortainment'의 결정체!

⑥ 파이브북스Five Books

앞서 내가 추천한 책들로는 성이 차지 않는 이들을 위해 끊임없이 읽을거리를 추천하는 파이브북스 닷컴을 소개한다. 이 웹사이트에서는 실력이 입증된 전문가들이 특정 지식 분야에서 각자 다섯 권의 책을 추천하고 인터뷰를 통해 그 책들을 선택한 이유를 설명한다. 이미 내 서가엔 파이브북스에서 추천된 책이 다섯 권을 넘었다. 웹사이트엔 1,000개가 넘는 주제에 대한 추천작들이 공개되어 있고 상세 분류도 일목요연하게 정리되었다.

인기 미국 드라마 〈리졸리&아이슬〉 시리즈의 원작자인 테스 게리첸은 가장 좋아하는 스릴러 다섯 편을 꼽았고, 수사관 '해리 홀레' 캐릭터를 창조한 노르웨이 작가 요 네스뵈는 같은 나라 동료들의 형사 소설로만 리스트를 빼곡히 채웠다. 노벨 평화상 수상자인 무하마드 유누스와 노벨 경제학자 수상자인 폴 크루그먼은 반드시 읽어야 할 경제 서적

리스트를 공개했다.

⑦ 멘탈 플로스Mental Floss

2001년 미국 듀크 대학 재학생들이 창간한 이 웹진엔 지식 함양에 도움이 될 만한 흥미로운 기사와 리스트로 가득하다. 주제는 고전적인 지식의 분야부터 쓸데없는 잡학까지 다양하다. 기사엔 짧은 비디오 여러 편이 포함돼 있다. 특히 '놀라운 사실amazing fact' 항목으로 들어가면 깜짝 놀랄 지식에 홀려 시간 가는 줄 모르고 계속 클릭하게 된다.

⑧ 사이먼 휘슬러Simon Whistler의 유튜브 채널

영국인 유튜버 사이먼 휘슬러의 포트폴리오는 정말 유별나다. 그는 채널을 여섯 개나 운영하며 지금까지 정보성 동영상을 1,000개 넘게 업로드했다. 이 카리스마 넘치는 영국인 채널을 구독하는 사람은 수백만 명이 넘는다.

〈탑텐츠TopTenz〉 채널에선 다양한 분야에 대한 주목할 만한 사실이나 흥미로운 사례 열 가지를 순위로 발표하고, 〈비주얼 폴리틱Visual Politik〉에선 최신 중요한 정치 뉴스를 다룬다. 〈투데이 아이 파운드 아웃Today I found out〉에선 놀라운 역사적 사실이나 일화를 설명한다.

〈바이오그래픽스Biographics〉에선 다양한 인물의 생애를 소개한다. 칭기스칸의 유능한 장군이었던 수부타이Subutai부터 1950년대 각종 화보를 장식한 섹시 모델 베티 페이지Bettie Page까지 다루는 인물의 범위도 다양하다. 〈게오그래픽스Geographics〉에선 괴물 같은 루마니아 의회의사당이나 서태평양의 비키니 환초, 카자흐스탄의 바이코누르 우주기지 등 매혹적인 장소와 거기에 얽힌 이야기를 소개한다.

〈메가프로젝트Megaprojects〉는 휘슬러가 중국의 싼샤댐(삼협댐), 국제우주정거장ISS, 대형 강입자 충돌기 등 대형 건축물이나 구조물을 소개하는 채널이며, 마지막으로 경제, 시장, 상품 등에 관련된 흥미로운 역사를 소개하는 〈브레인 블레이즈Brain Blaze〉도 그가 운영하는 채널 중 하나다.